La mazmorra

CREPÚSCULO

101. EL CEMENTERIO DE LOS DRAGONES

Guión y dibujo
Joann SFAR • Lewis TRONDHEIM

Color
WALTER

NORMA
Editorial

Pequeña guía de los ciclos e historias de La Mazmorra.

La época Potron-Minet rememora la creación de La Mazmorra (inédita).

La época Zenit narra el apogeo de La Mazmorra.

La época Crepúsculo relata el final de La Mazmorra.

La Mazmorra Monsters nos cuenta una gran aventura de uno de los personajes secundarios de La Mazmorra (inédita).

La Mazmorra Parade se sitúa entre el tomo 1 y el tomo 2 de Zenit. Nuevas peripecias de Herbert y Marvin (inédita).

La Mazmorra Bonus está llena de nuevas sorpresas (inédita).

Si queréis convertiros en verdaderos eruditos de La Mazmorra visitad donjonland.com.

Colección Extra Color nº180.
LA MAZMORRA CREPÚSCULO 101: EL CEMENTERIO DE LOS DRAGONES.
Título original: "Donjon Crépuscle 101: Le Cimetière des Dragons", de Sfar y Trondheim.
Primera edición: abril 2001.
© 1999 Guy Delcourt Productions.
© 2001 NORMA Editorial por la edición en castellano.
Fluvià, 89. 08019 Barcelona.
Tel. 93 303 68 20 - Fax: 93 303 68 31
E-mail: norma@norma-ed.es
Traducción: E.S. Abulí. Rotulación: Jotaeme.
Depósito legal: B-51117-2000. ISBN: 84-8431-284-4.
Printed in Spain by Índice S.L.

www.norma-ed.es

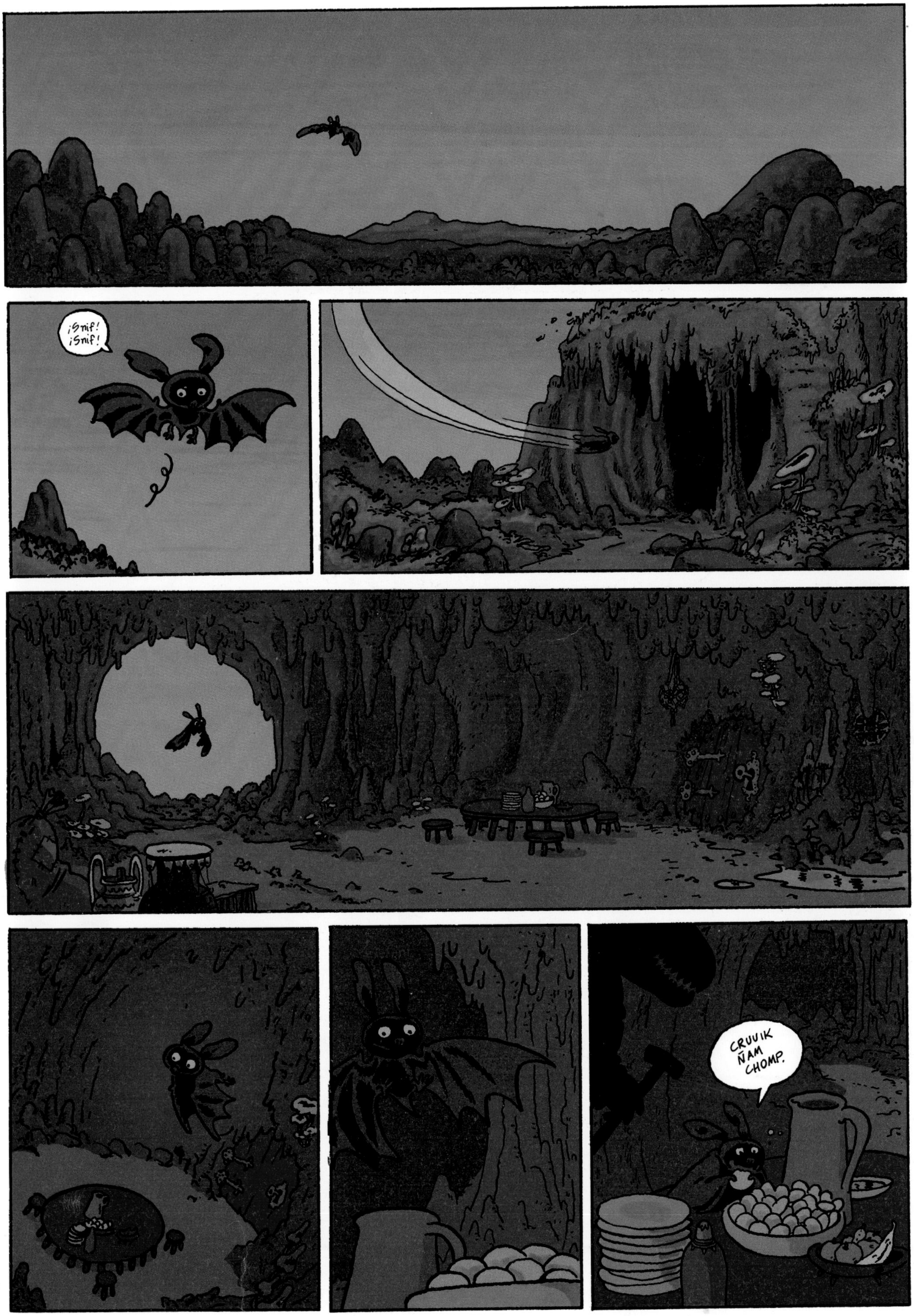
¡Snif! ¡Snif!
CRUUIK ÑAM CHOMP.

46
01

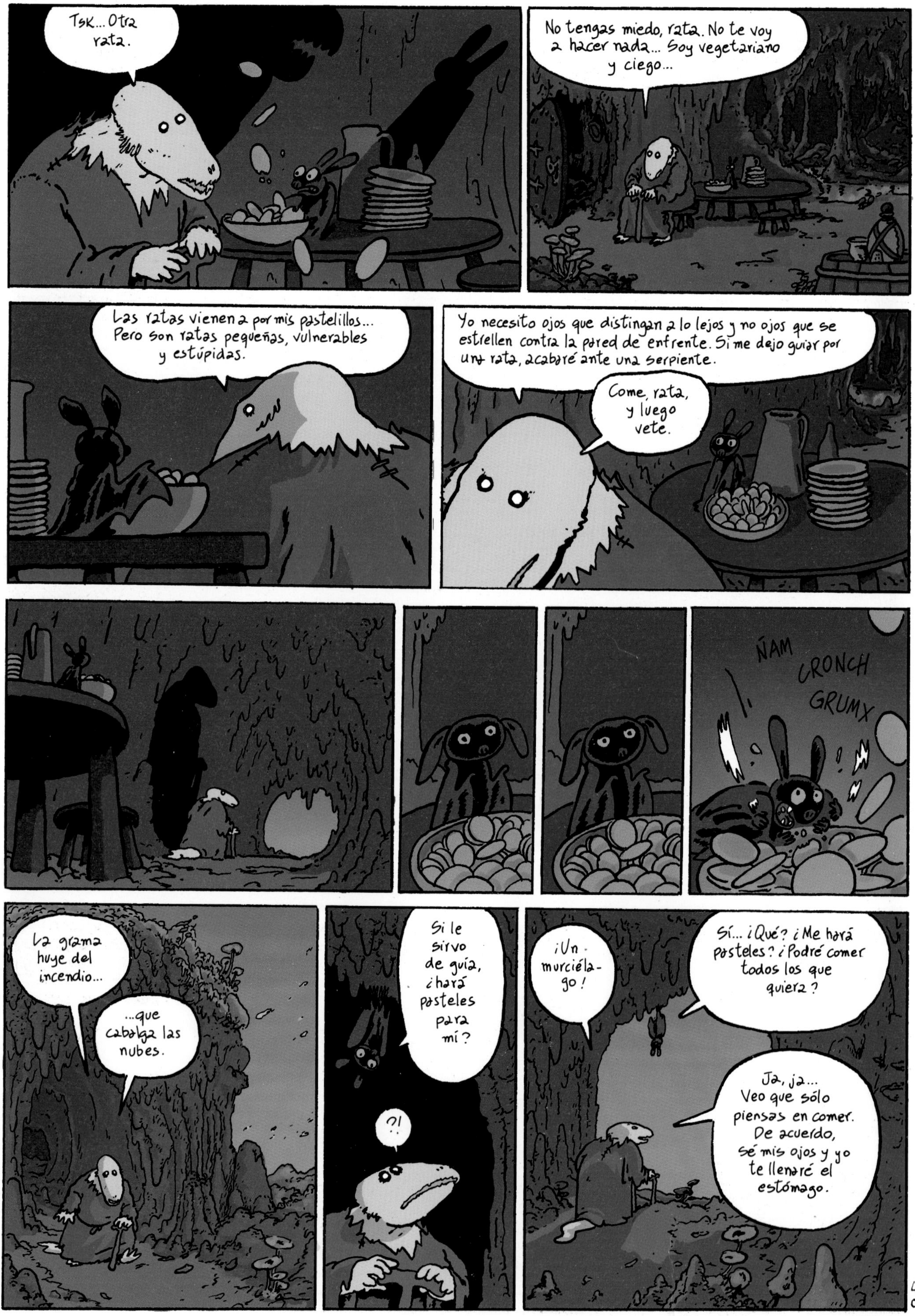
Tsk... Otra rata.
No tengas miedo, rata. No te voy a hacer nada... Soy vegetariano y ciego...
Las ratas vienen a por mis pastelillos... Pero son ratas pequeñas, vulnerables y estúpidas.
Yo necesito ojos que distingan a lo lejos y no ojos que se estrellen contra la pared de enfrente. Si me dejo guiar por una rata, acabaré ante una serpiente.
Come, rata, y luego vete.
ÑAM
CRONCH
GRUMX
La grama huye del incendio...
...que cabalga las nubes.
Si le sirvo de guía, ¿hará pasteles para mí?
?!
¡Un murciélago!
Sí... ¿Qué? ¿Me hará pasteles? ¿Podré comer todos los que quiera?
Ja, ja... Veo que sólo piensas en comer. De acuerdo, sé mis ojos y yo te llenaré el estómago.

46
02

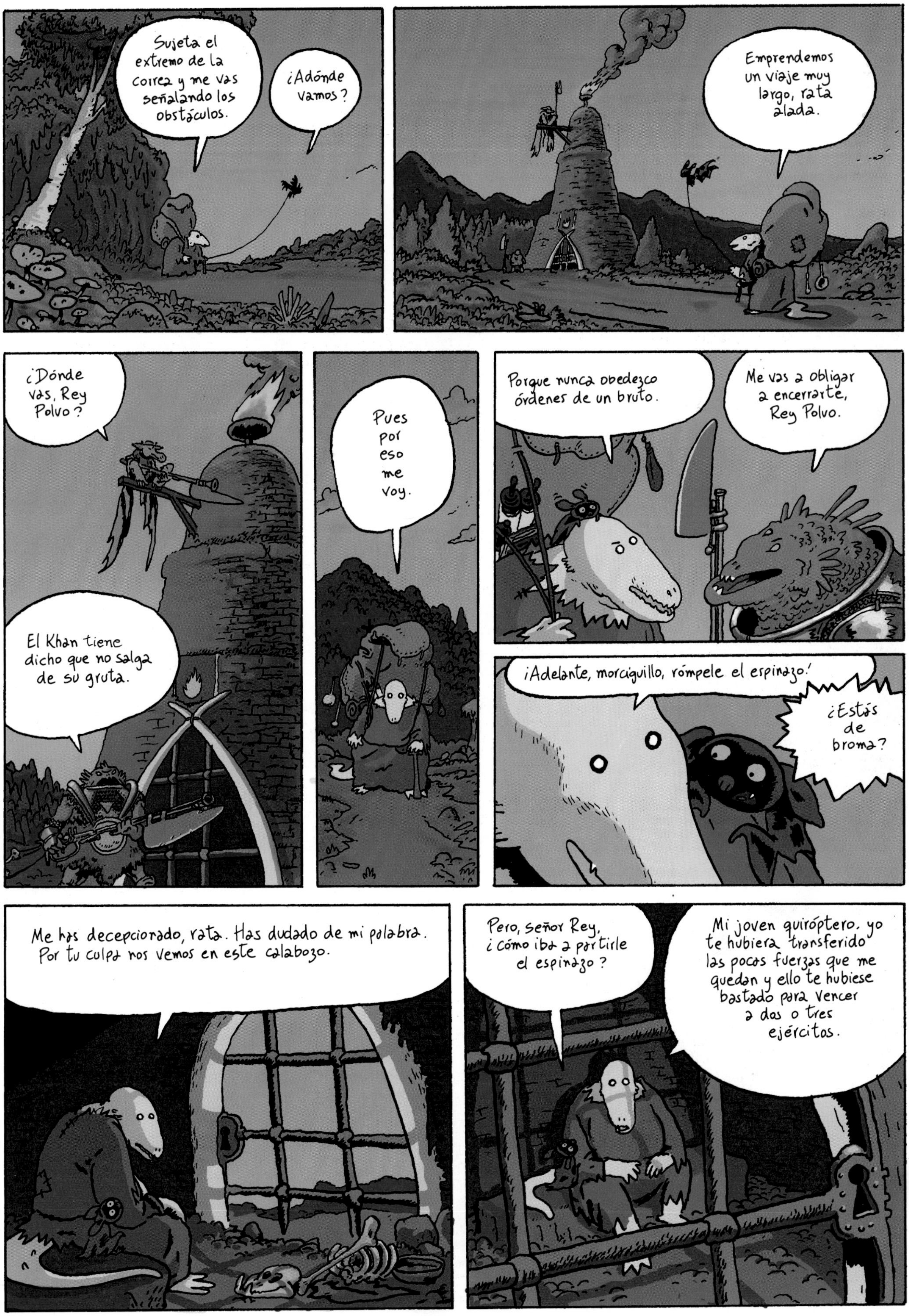
Sujeta el extremo de la correa y me vas señalando los obstáculos.
¿Adónde vamos?
Emprendemos un viaje muy largo, rata alada.
¿Dónde vas, Rey Polvo?
El Khan tiene dicho que no salga de su gruta.
Pues por eso me voy.
Porque nunca obedezco órdenes de un bruto.
Me vas a obligar a encerrarte, Rey Polvo.
¡Adelante, morciguillo, rómpele el espinazo!
¿Estás de broma?
Me has decepcionado, rata. Has dudado de mi palabra. Por tu culpa nos vemos en este calabozo.
Pero, señor Rey, ¿cómo iba a partirle el espinazo?
Mi joven quiróptero, yo te hubiera transferido las pocas fuerzas que me quedan y ello te hubiese bastado para vencer a dos o tres ejércitos.

46
03

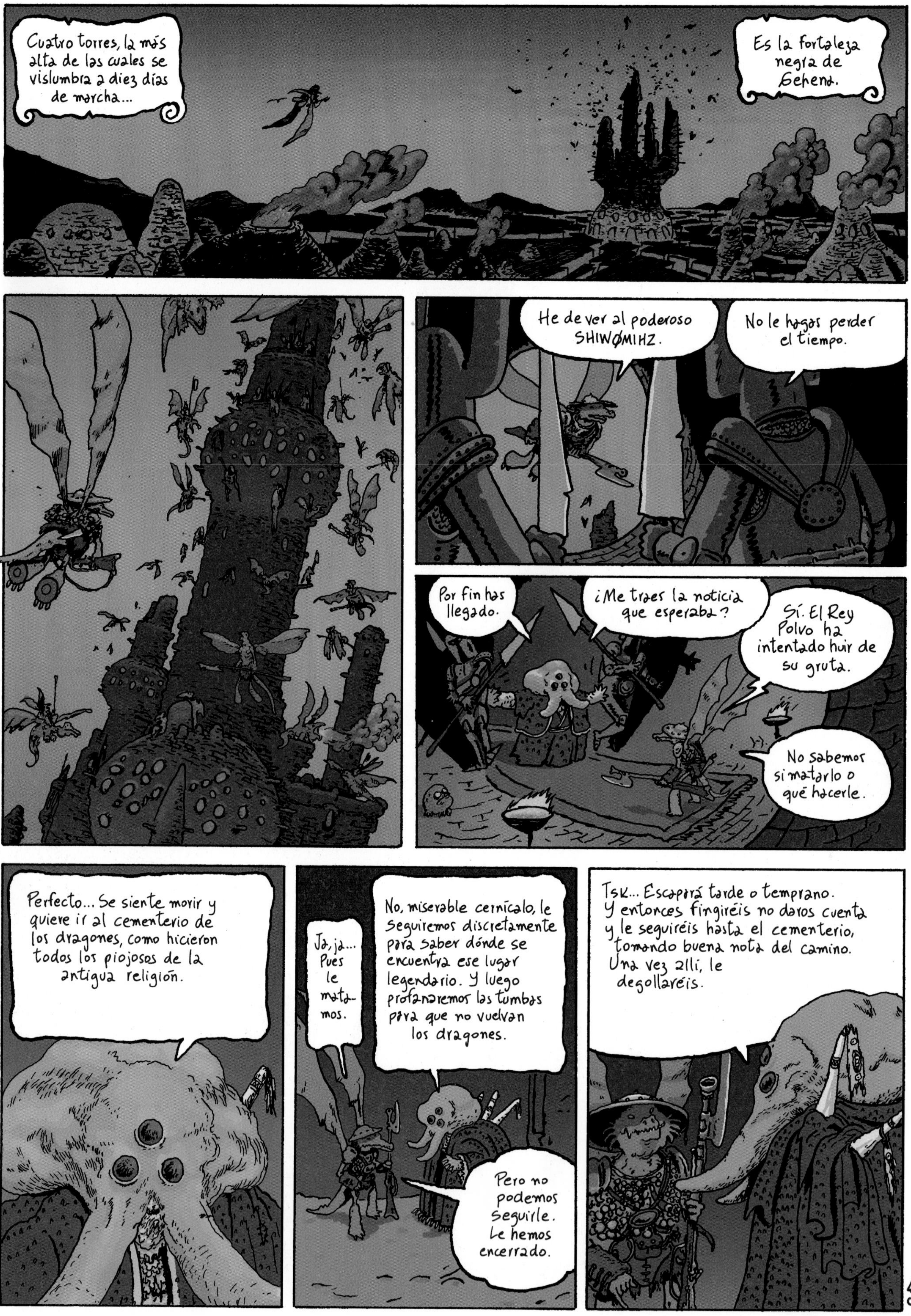
Cuatro torres, la más alta de las cuales se vislumbra a diez días de marcha...
Es la fortaleza negra de Gehena.
He de ver al poderoso SHIWØMIHZ.
No le hagas perder el tiempo.
Por fin has llegado.
¿Me traes la noticia que esperaba?
Sí. El Rey Polvo ha intentado huir de su gruta.
No sabemos si matarlo o qué hacerle.
Perfecto... Se siente morir y quiere ir al cementerio de los dragones, como hicieron todos los piojosos de la antigua religión.
Ja, ja... Pues le matamos.
No, miserable cernícalo, le seguiremos discretamente para saber dónde se encuentra ese lugar legendario. Y luego profanaremos las tumbas para que no vuelvan los dragones.
Pero no podemos seguirle. Le hemos encerrado.
Tsk... Escapará tarde o temprano. Y entonces fingiréis no daros cuenta y le seguiréis hasta el cementerio, tomando buena nota del camino. Una vez allí, le degollaréis.
46 04

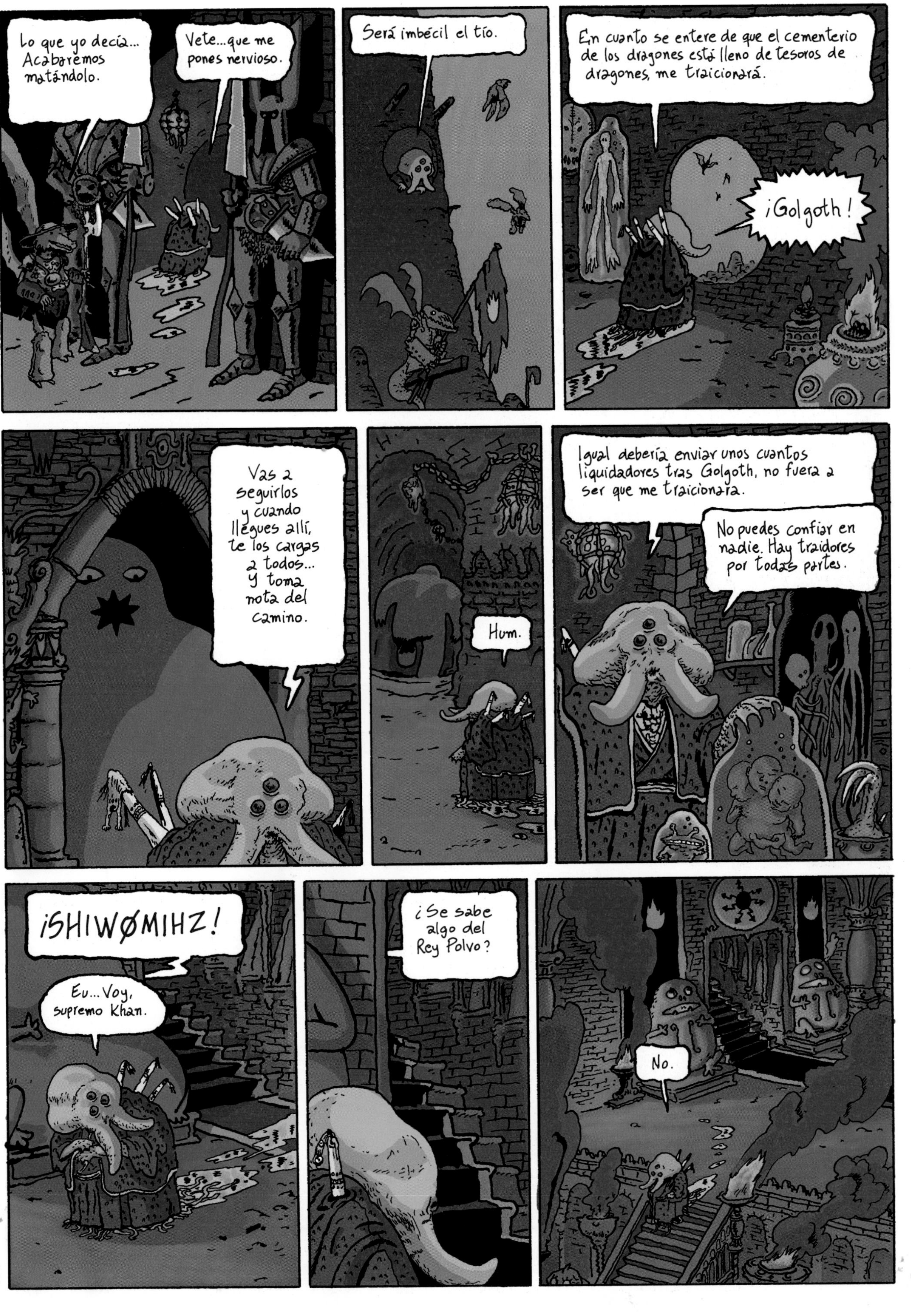
Lo que yo decía... Acabaremos matándolo.
Vete...que me pones nervioso.
Será imbécil el tío.
En cuanto se entere de que el cementerio de los dragones está lleno de tesoros de dragones, me traicionará.
¡Golgoth!
Vas a seguirlos y cuando llegues allí, te los cargas a todos... y toma nota del camino.
Hum.
Igual debería enviar unos cuantos liquidadores tras Golgoth, no fuera a ser que me traicionara.
No puedes confiar en nadie. Hay traidores por todas partes.
¡SHIWØMIHZ!
Eu... Voy, supremo khan.
¿Se sabe algo del Rey Polvo?
No.
46
05

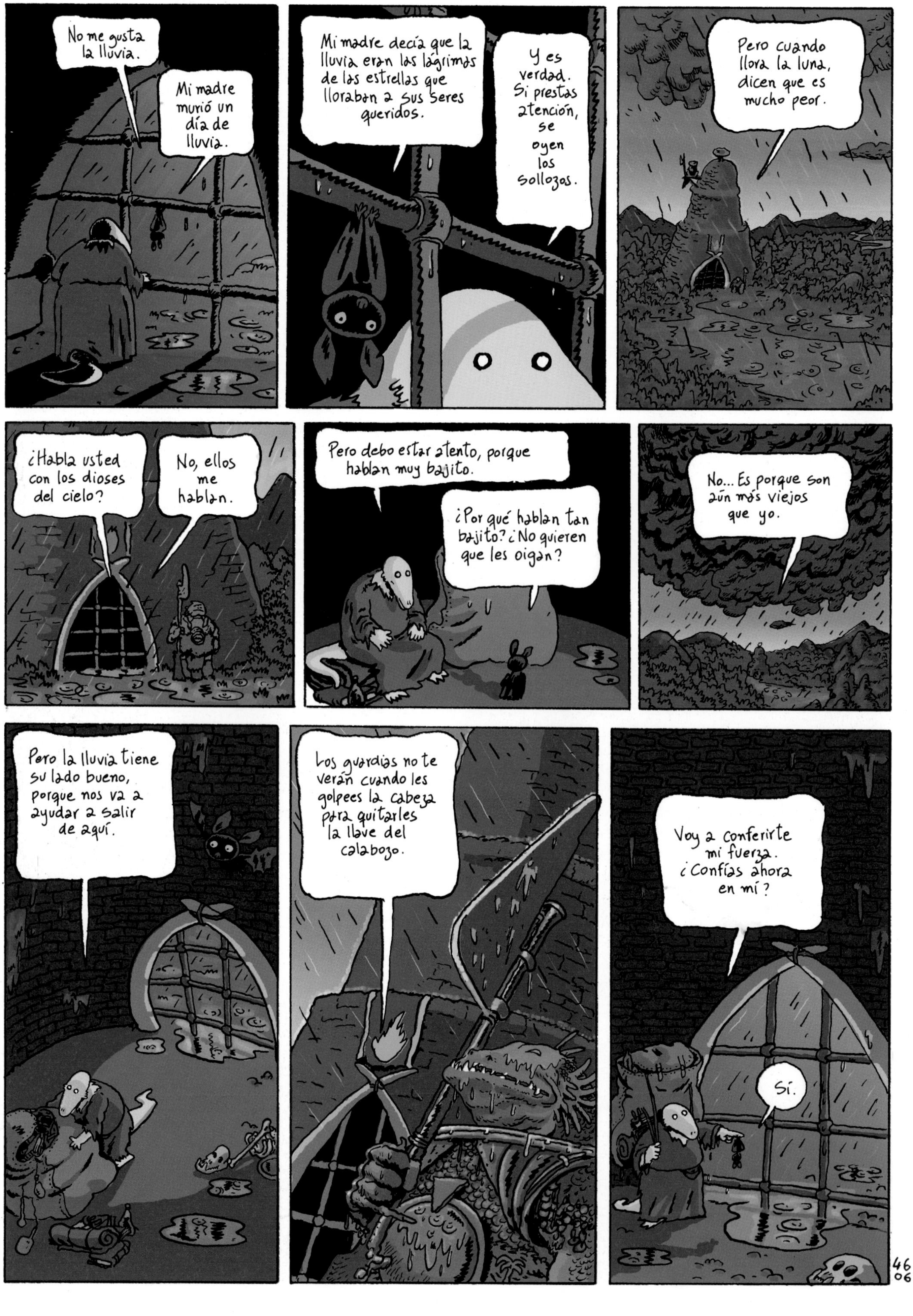
No me gusta la lluvia.
Mi madre murió un día de lluvia.
Mi madre decía que la lluvia eran las lágrimas de las estrellas que lloraban a sus seres queridos.
Y es verdad. Si prestas atención, se oyen los sollozos.
Pero cuando llora la luna, dicen que es mucho peor.
¿Habla usted con los dioses del cielo?
No, ellos me hablan.
Pero debo estar atento, porque hablan muy bajito.
¿Por qué hablan tan bajito? ¿No quieren que les oigan?
No... Es porque son aún más viejos que yo.
Pero la lluvia tiene su lado bueno, porque nos va a ayudar a salir de aquí.
Los guardias no te verán cuando les golpees la cabeza para quitarles la llave del calabozo.
Voy a conferirte mi fuerza. ¿Confías ahora en mí?
Sí.
46
06

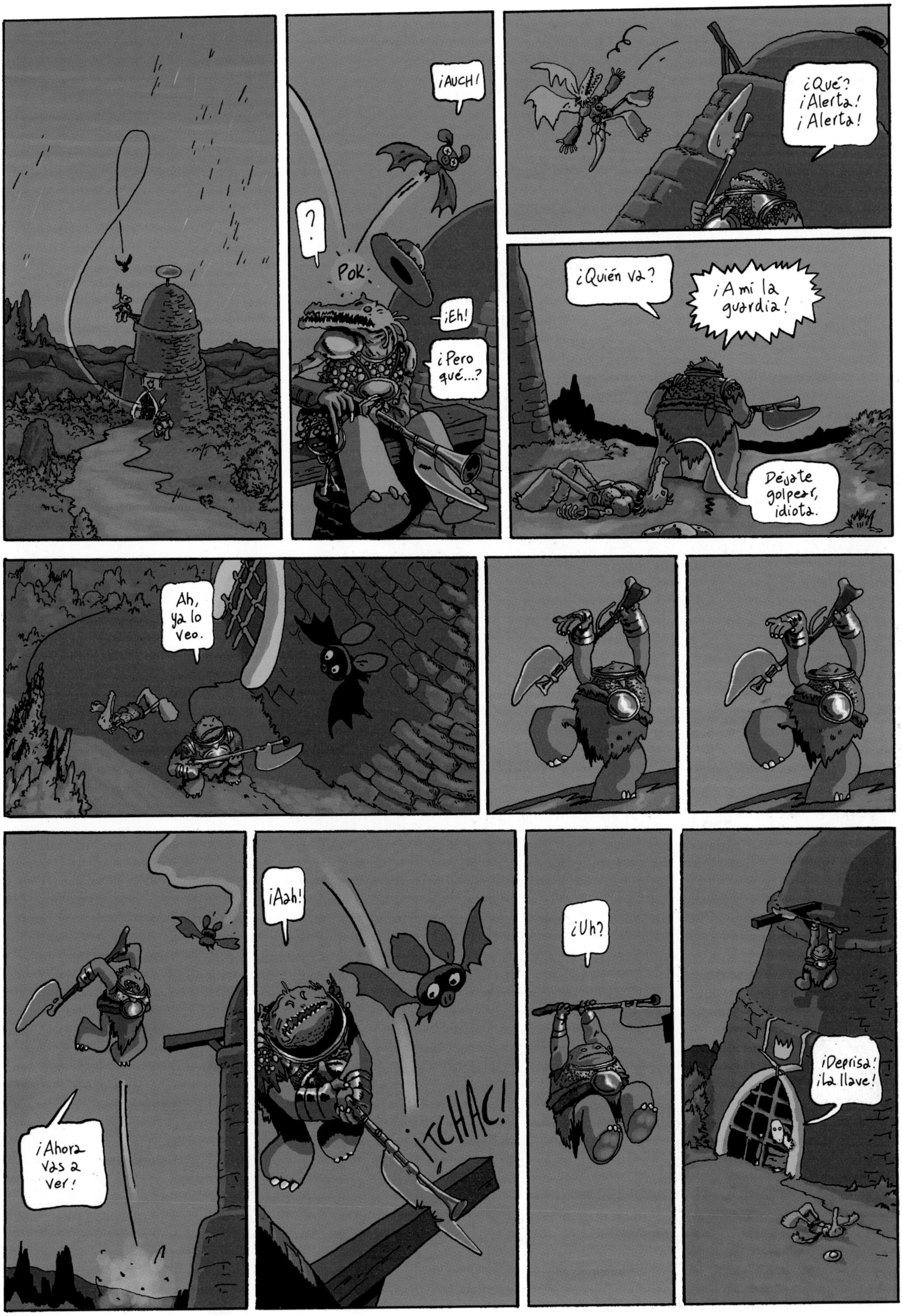

¡AUCH!
?
POK
¡Eh!
¿Pero qué...?
¿Qué? ¡Alerta! ¡Alerta!
¿Quién va?
¡A mí la guardia!
Déjate golpear, idiota.
Ah, ya lo veo.
¡Ahora vas a ver!
¡Aah!
¡TCHAC!
¿Uh?
¡Deprisa! ¡La llave!

46
07

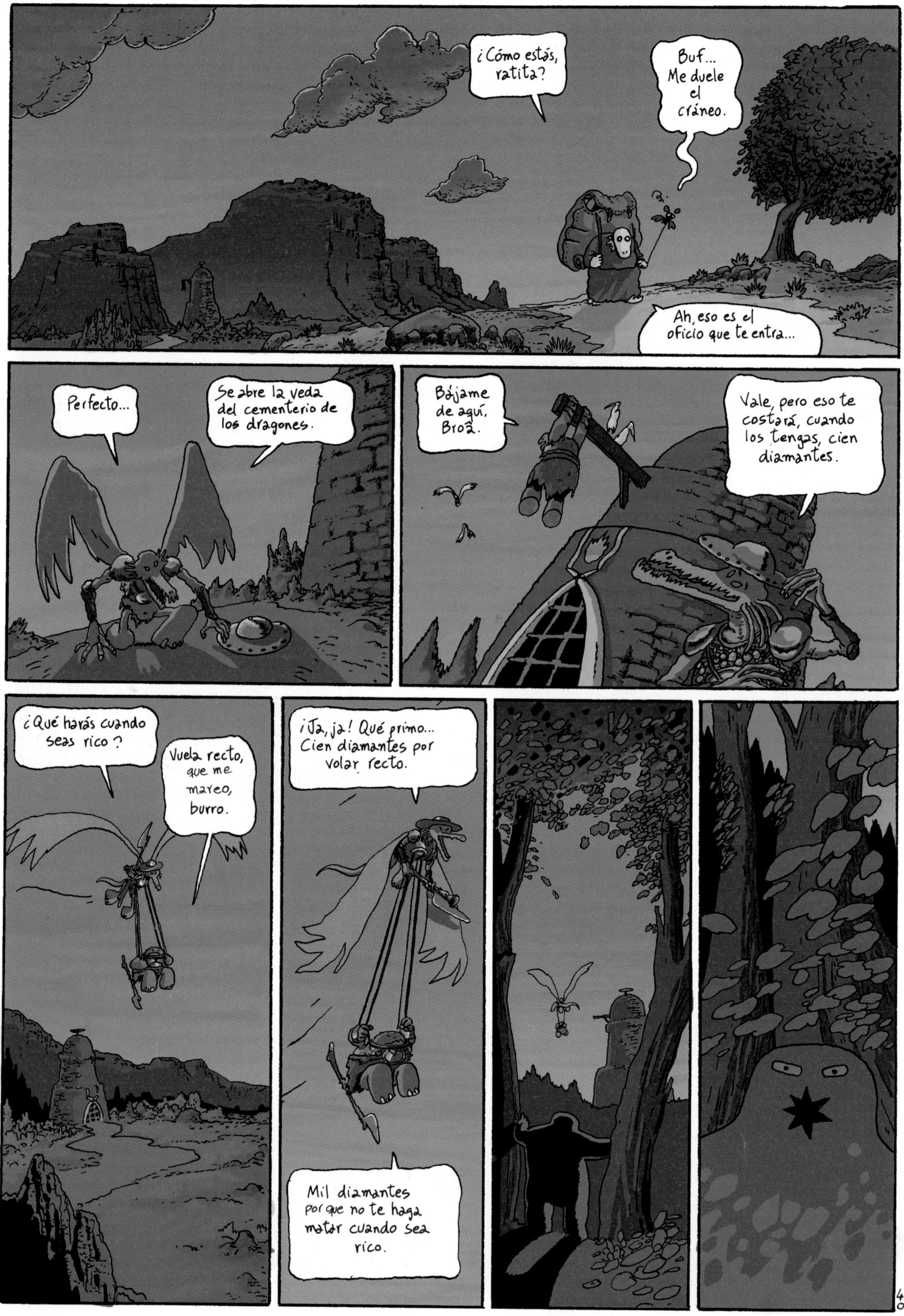
¿Cómo estás, ratita?
Buf... Me duele el cráneo.
Ah, eso es el oficio que te entra...
Perfecto...
Se abre la veda del cementerio de los dragones.
Bájame de aquí, Broz.
Vale, pero eso te costará, cuando los tengas, cien diamantes.
¿Qué harás cuando seas rico?
Vuela recto, que me mareo, burro.
¡Ja, ja! Qué primo... Cien diamantes por volar recto.
Mil diamantes porque no te haga matar cuando sea rico.

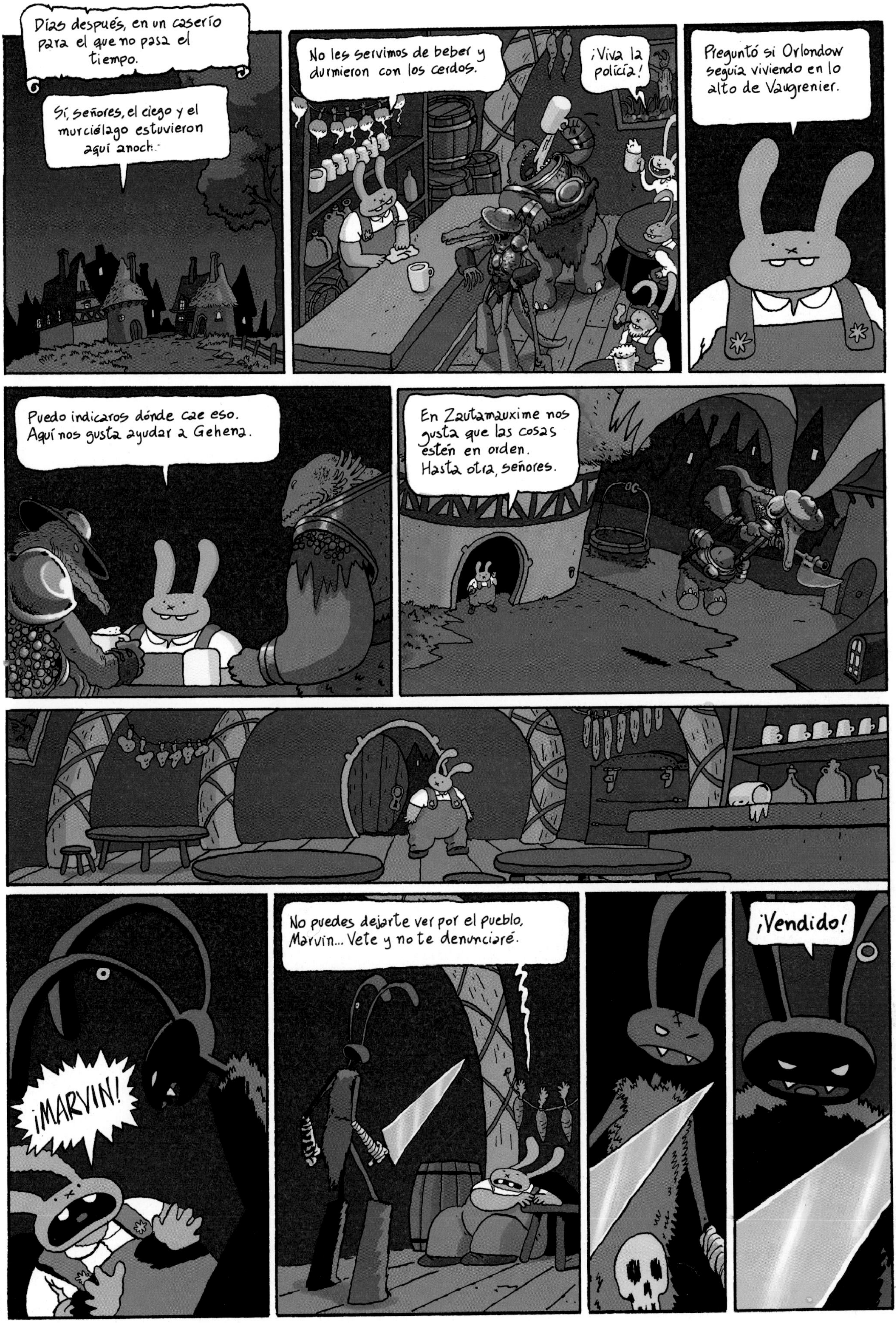
Días después, en un caserío para el que no pasa el tiempo.
Sí, señores, el ciego y el murciélago estuvieron aquí anoch...
No les servimos de beber y durmieron con los cerdos.
¡Viva la policía!
Preguntó si Orlondow seguía viviendo en lo alto de Vaugrenier.
Puedo indicaros dónde cae eso. Aquí nos gusta ayudar a Gehena.
En Zautamauxime nos gusta que las cosas estén en orden. Hasta otra, señores.
¡MARVIN!
No puedes dejarte ver por el pueblo, Marvin... Vete y no te denunciaré.
¡Vendido!
46
09

El Gran Khan reclama tu presencia, oh Shiwǿmihz.

Ya voy.

¿Qué se le ofrece, Supremo Khan?

Que se lleven los cadáveres. Ya no me divierten.

¿Quién es ese Orlondow, Rey Polvo?

Manda a los pájaros, pero sobre todo es un chamán que necesito para pasar al otro mundo.

¿Al otro mundo?... ¿Podré ir con usted hasta allí?

No estás preparado.

Yo quiero estar a su lado.

Ese otro mundo se encuentra después de la muerte, morciguillo.

Oh... qué triste.

¡Iiiiih!

¿Qué ocurre?

46
10

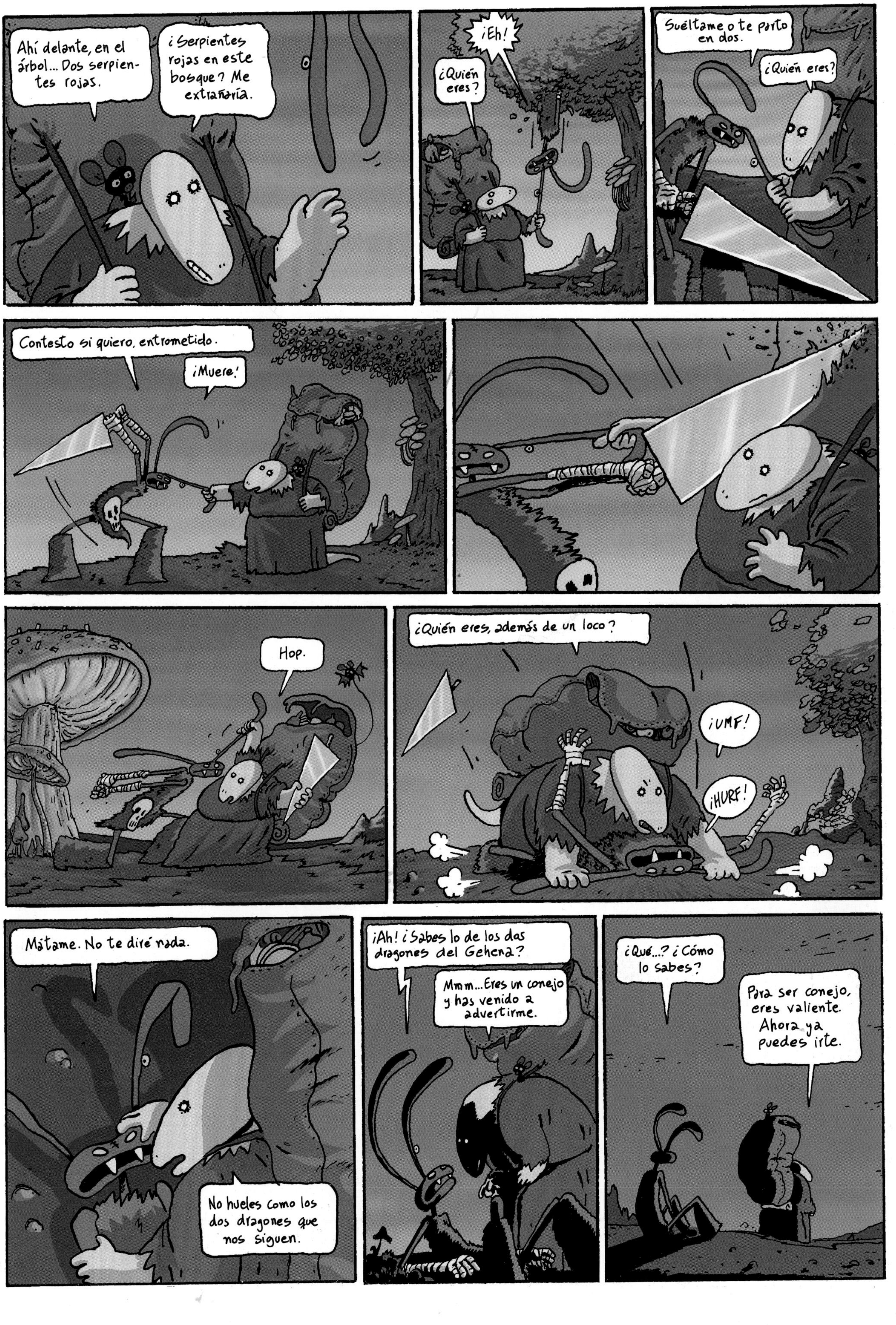
Ahí delante, en el árbol... Dos serpientes rojas.
¿Serpientes rojas en este bosque? Me extrañaría.
¡Eh!
¿Quién eres?
Suéltame o te parto en dos.
¿Quién eres?
Contesto si quiero, entrometido.
¡Muere!
Hop.
¿Quién eres, además de un loco?
¡UMF!
¡HURF!
Mátame. No te diré nada.
No hueles como los dos dragones que nos siguen.
¡Ah! ¿Sabes lo de los dos dragones del Gehena?
Mmm... Eres un conejo y has venido a advertirme.
¿Qué...? ¿Cómo lo sabes?
Para ser conejo, eres valiente. Ahora ya puedes irte.

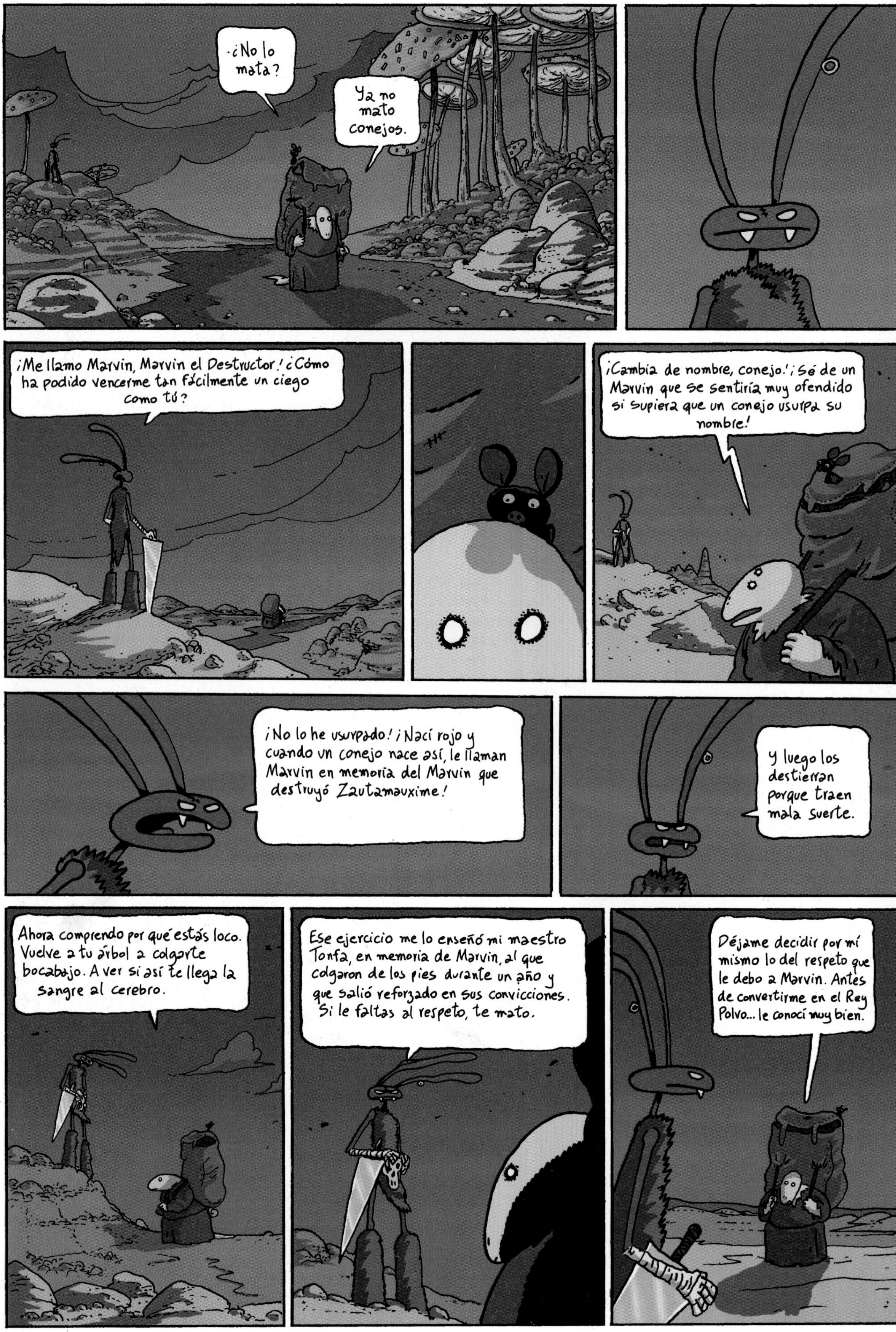
¿No lo mata?
Ya no mato conejos.
¡Me llamo Marvin, Marvin el Destructor! ¿Cómo ha podido vencerme tan fácilmente un ciego como tú?
¡Cambia de nombre, conejo! ¡Sé de un Marvin que se sentiría muy ofendido si supiera que un conejo usurpa su nombre!
¡No lo he usurpado! ¡Nací rojo y cuando un conejo nace así, le llaman Marvin en memoria del Marvin que destruyó Zautamauxime!
Y luego los destierran porque traen mala suerte.
Ahora comprendo por qué estás loco. Vuelve a tu árbol a colgarte bocabajo. A ver si así te llega la sangre al cerebro.
Ese ejercicio me lo enseñó mi maestro Tonfa, en memoria de Marvin, al que colgaron de los pies durante un año y que salió reforzado en sus convicciones. Si le faltas al respeto, te mato.
Déjame decidir por mí mismo lo del respeto que le debo a Marvin. Antes de convertirme en el Rey Polvo... le conocí muy bien.
46
12

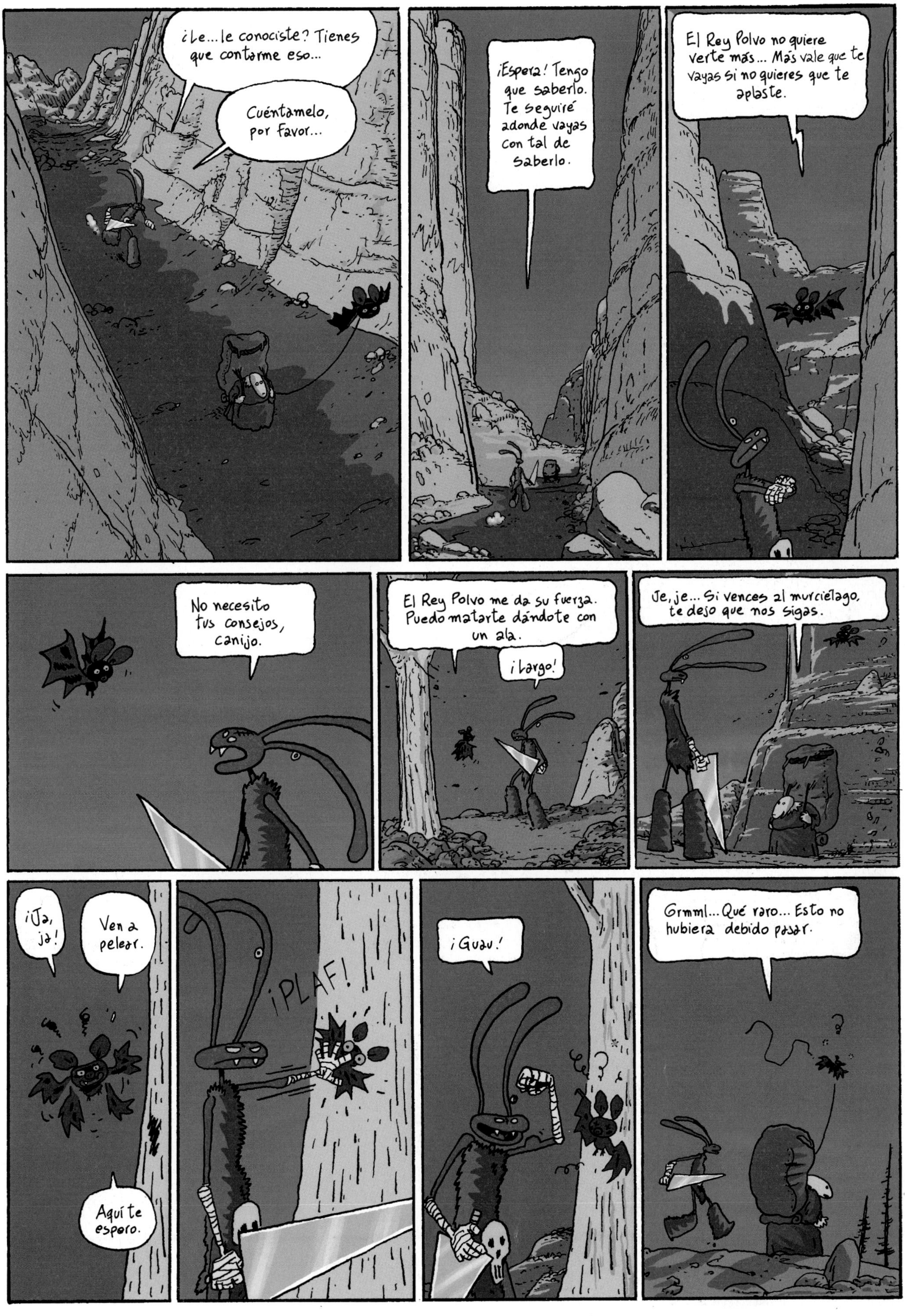
¿Le... le conociste? Tienes que contarme eso...
Cuéntamelo, por favor...
¡Espera! Tengo que saberlo. Te seguiré adonde vayas con tal de saberlo.
El Rey Polvo no quiere verte más... Más vale que te vayas si no quieres que te aplaste.
No necesito tus consejos, canijo.
El Rey Polvo me da su fuerza. Puedo matarte dándote con un ala.
¡Largo!
Je, je... Si vences al murciélago, te dejo que nos sigas.
¡Ja, ja!
Ven a pelear.
Aquí te espero.
¡PLAF!
¡Guau!
Grmml... Qué raro... Esto no hubiera debido pasar.

46
13

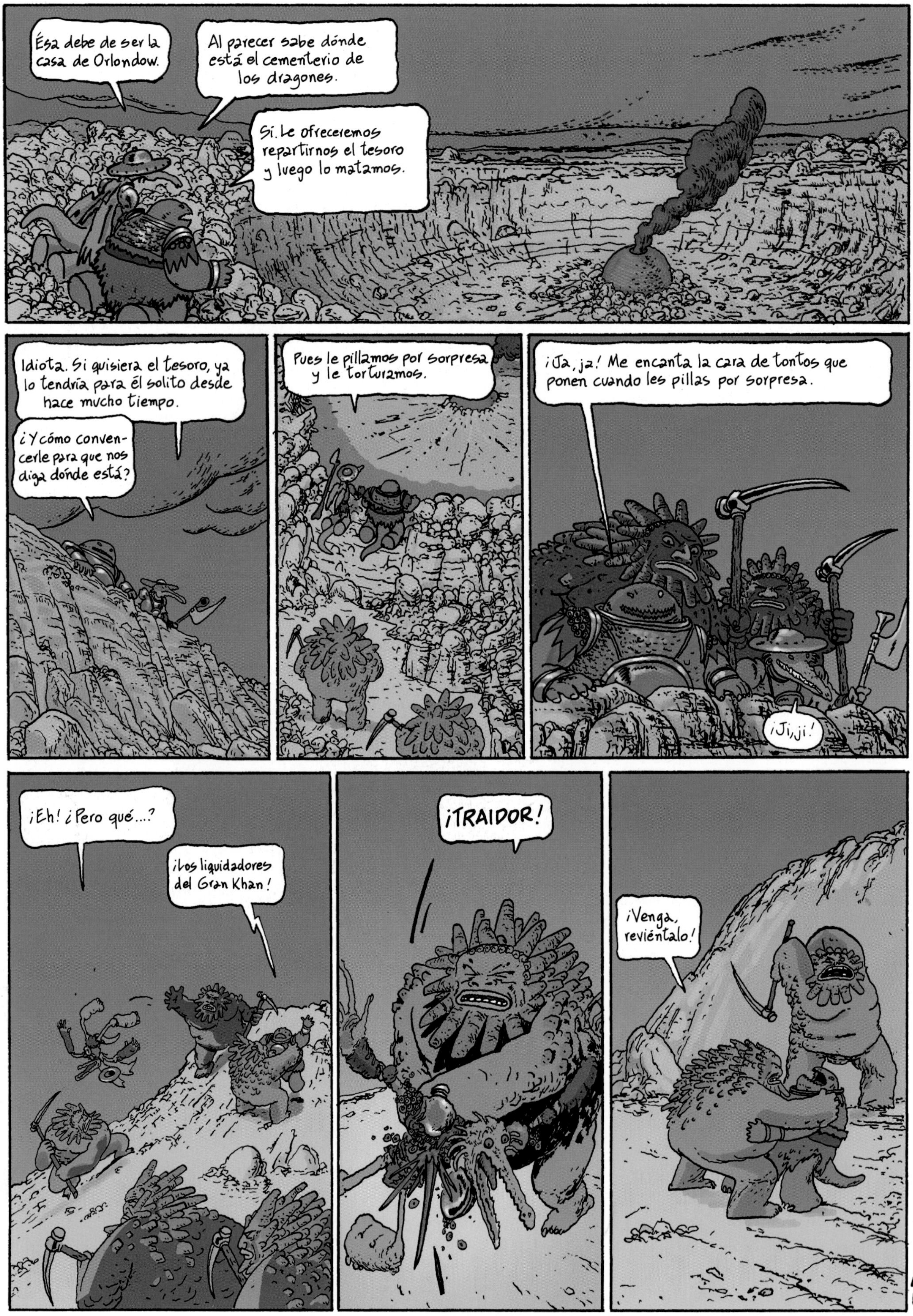
Ésa debe de ser la casa de Orlondow.
Al parecer sabe dónde está el cementerio de los dragones.
Sí. Le ofreceremos repartirnos el tesoro y luego lo matamos.
Idiota. Si quisiera el tesoro, ya lo tendría para él solito desde hace mucho tiempo.
¿Y cómo convencerle para que nos diga dónde está?
Pues le pillamos por sorpresa y le torturamos.
¡Ja, ja! Me encanta la cara de tontos que ponen cuando les pillas por sorpresa.
¡Ji, ji!
¡Eh! ¿Pero qué...?
¡Los liquidadores del Gran Khan!
¡TRAIDOR!
¡Venga, reviéntalo!
46
14

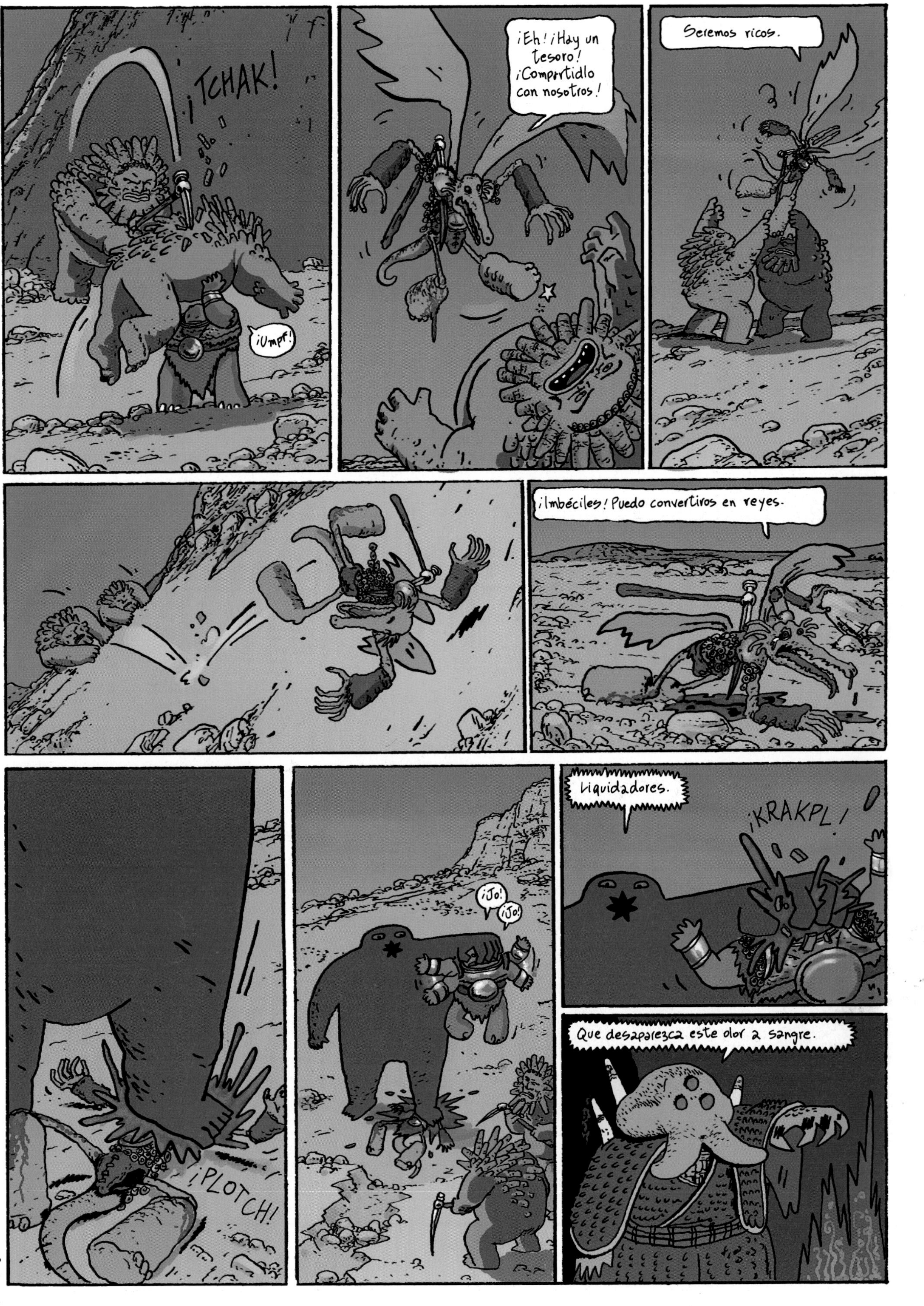
¡TCHAK!
¡Umpf!
¡Eh! ¡Hay un tesoro! ¡Compartidlo con nosotros!
Seremos ricos.
¡Imbéciles! Puedo convertiros en reyes.
¡PLOTCH!
¡Jo!
¡Jo!
Liquidadores.
¡KRAKPL!
Que desaparezca este olor a sangre.

46
15

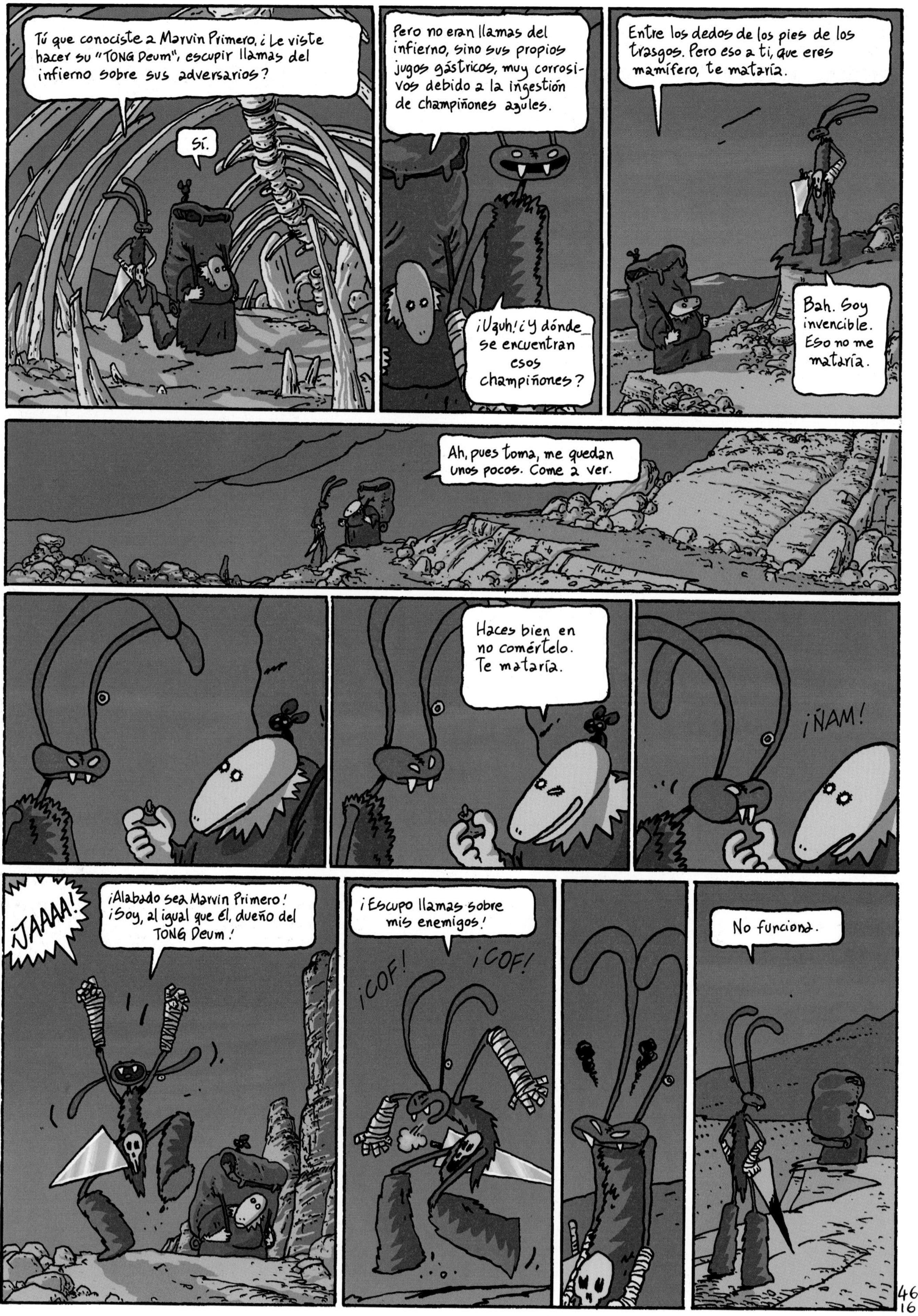
Tú que conociste a Marvin Primero, ¿Le viste hacer su "TONG Deum", escupir llamas del infierno sobre sus adversarios?
Sí.
Pero no eran llamas del infierno, sino sus propios jugos gástricos, muy corrosivos debido a la ingestión de champiñones azules.
¡Uguh! ¿Y dónde se encuentran esos champiñones?
Entre los dedos de los pies de los trasgos. Pero eso a ti, que eres mamífero, te mataría.
Bah. Soy invencible. Eso no me mataría.
Ah, pues toma, me quedan unos pocos. Come a ver.
Haces bien en no comértelo. Te mataría.
¡ÑAM!
¡JAAAA!
¡Alabado sea Marvin Primero! ¡Soy, al igual que él, dueño del TONG Deum!
¡Escupo llamas sobre mis enemigos!
¡COF!
¡COF!
No funciona.
46
16

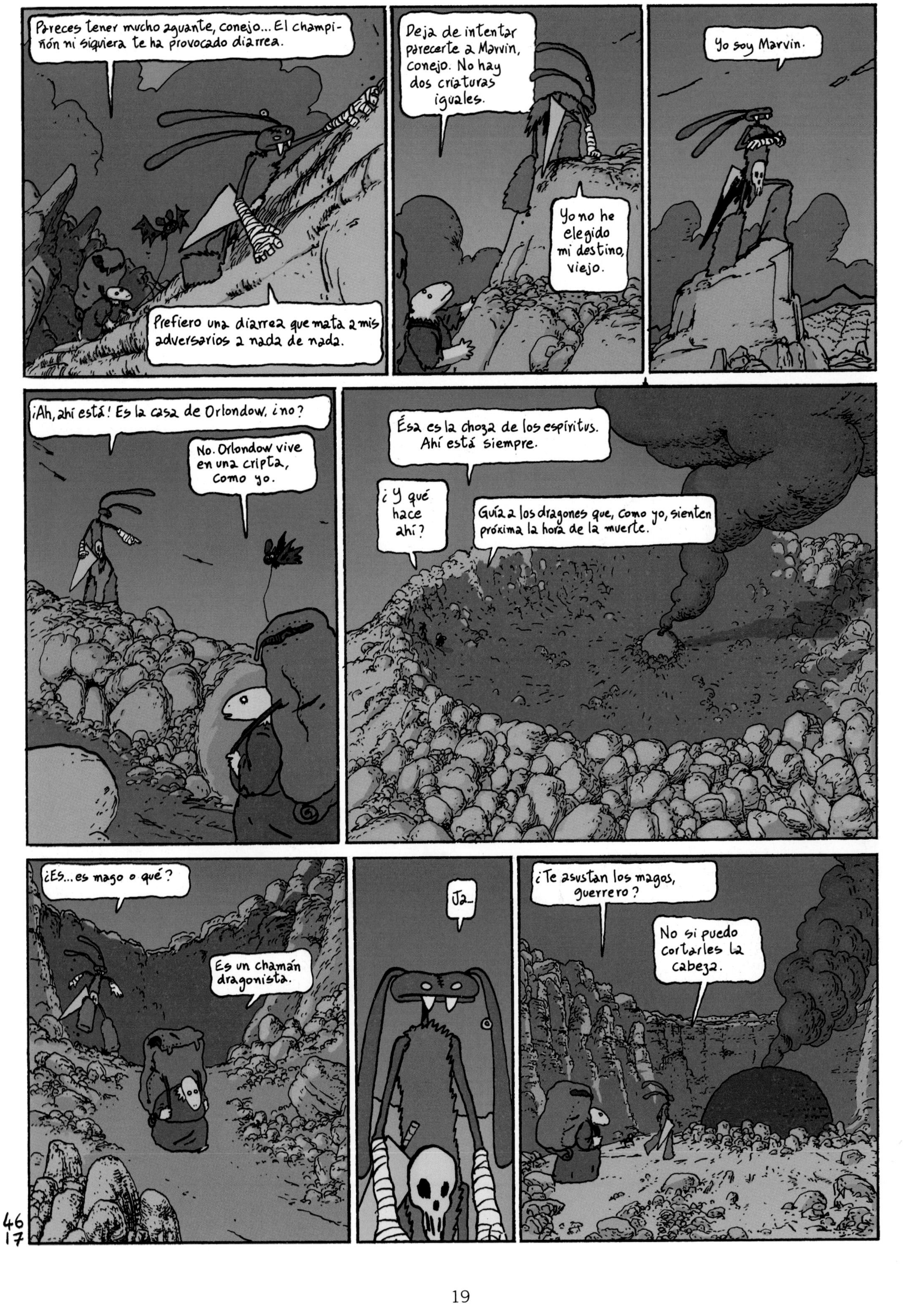
Pareces tener mucho aguante, conejo... El champiñón ni siquiera te ha provocado diarrea.
Prefiero una diarrea que mata a mis adversarios a nada de nada.
Deja de intentar parecerte a Marvin, conejo. No hay dos criaturas iguales.
Yo no he elegido mi destino, viejo.
Yo soy Marvin.
¡Ah, ahí está! Es la casa de Orlondow, ¿no?
No. Orlondow vive en una cripta, como yo.
Ésa es la choza de los espíritus. Ahí está siempre.
¿Y qué hace ahí?
Guía a los dragones que, como yo, sienten próxima la hora de la muerte.
¿Es... es mago o qué?
Es un chamán dragonista.
Ja...
¿Te asustan los magos, guerrero?
No si puedo cortarles la cabeza.
46
17

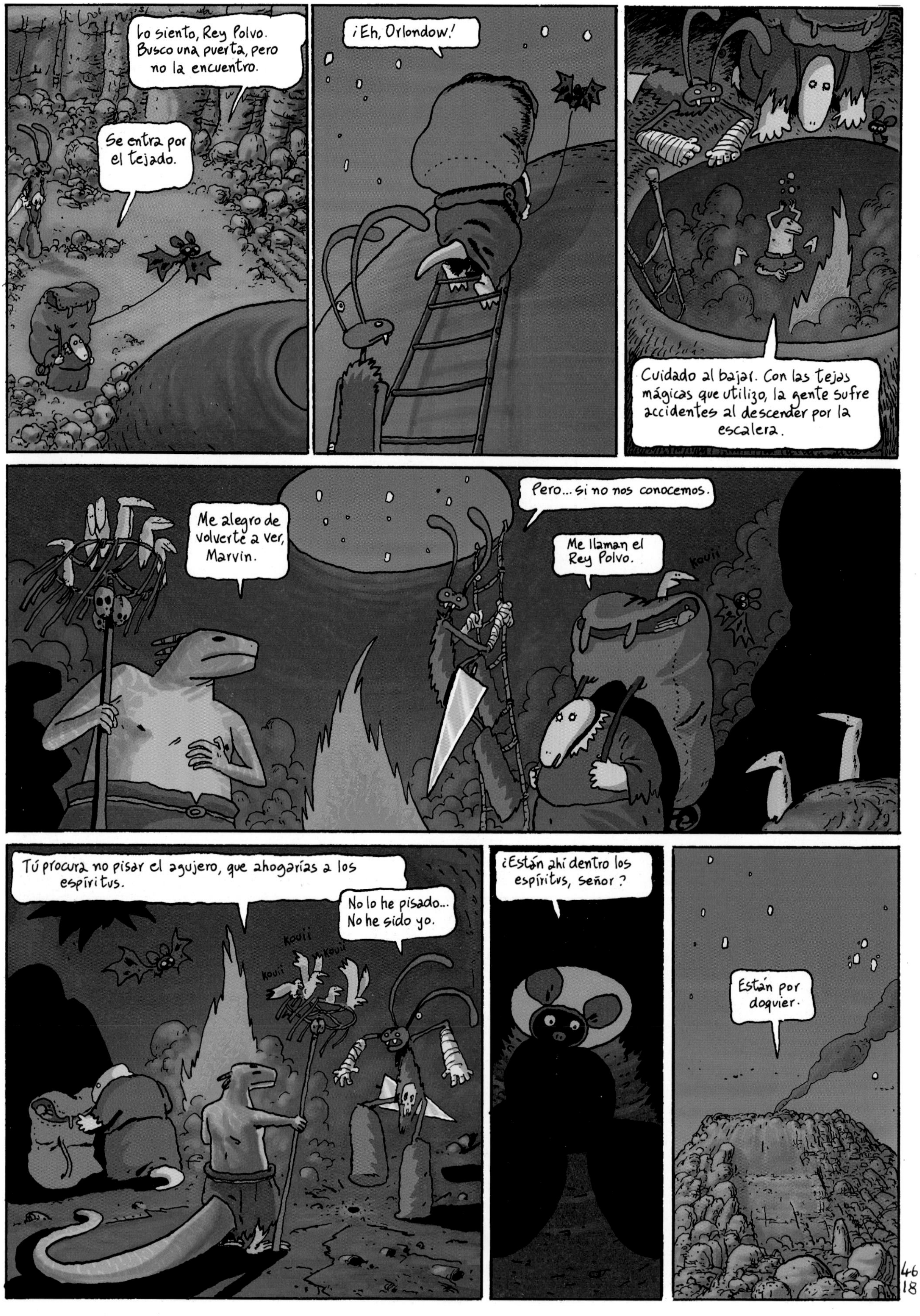
Lo siento, Rey Polvo. Busco una puerta, pero no la encuentro.
Se entra por el tejado.
¡Eh, Orlondow!
Cuidado al bajar. Con las tejas mágicas que utilizo, la gente sufre accidentes al descender por la escalera.
Me alegro de volverte a ver, Marvin.
Pero... si no nos conocemos.
Me llaman el Rey Polvo.
Kouii
Tú procura no pisar el agujero, que ahogarías a los espíritus.
No lo he pisado... No he sido yo.
Kouii
Kouii
Kouii
¿Están ahí dentro los espíritus, señor?
Están por doquier.
46
18

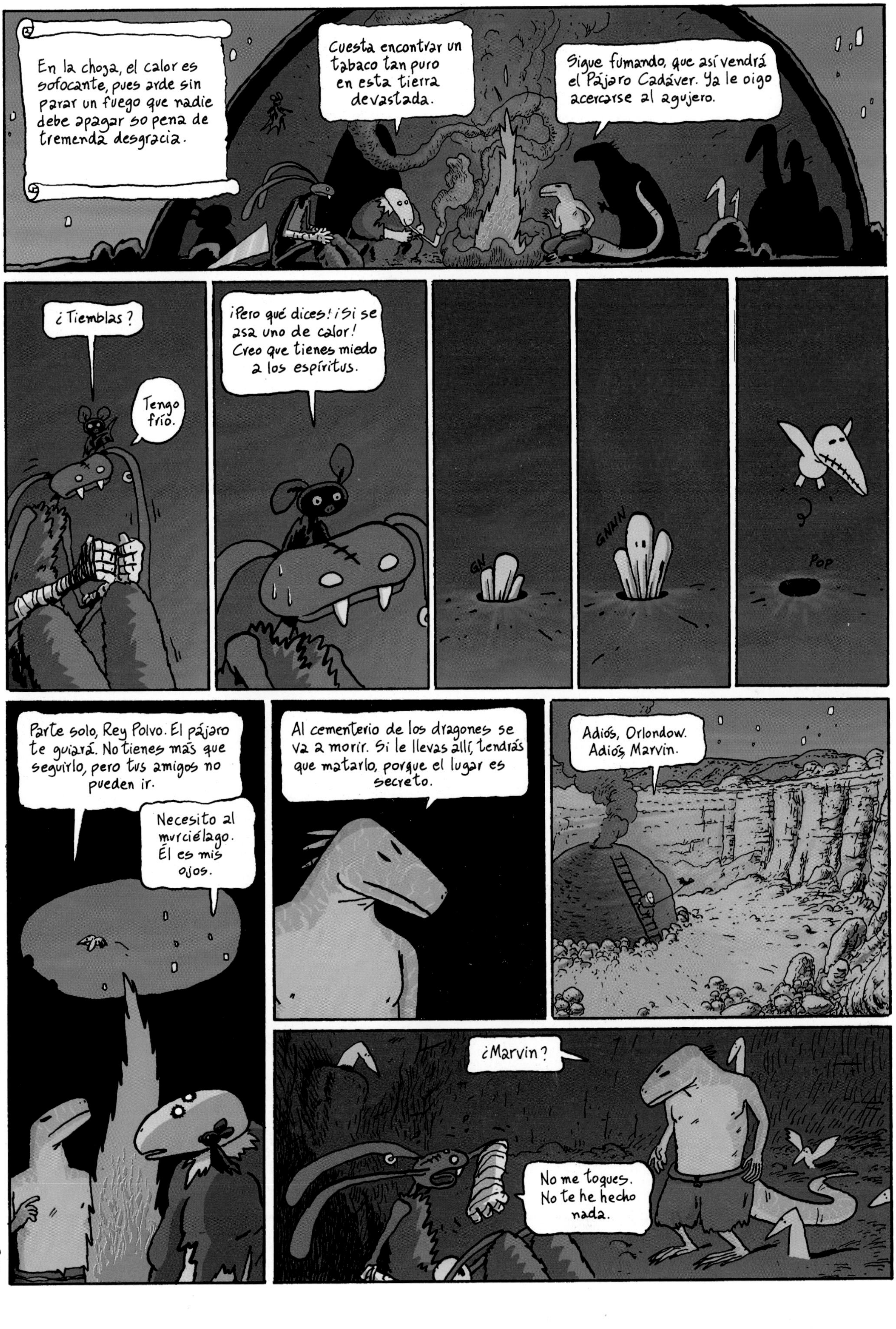
En la choza, el calor es sofocante, pues arde sin parar un fuego que nadie debe apagar so pena de tremenda desgracia.
Cuesta encontrar un tabaco tan puro en esta tierra devastada.
Sigue fumando, que así vendrá el Pájaro Cadáver. Ya le oigo acercarse al agujero.
¿Tiemblas?
Tengo frío.
¡Pero qué dices! ¡Si se asa uno de calor! Creo que tienes miedo a los espíritus.
GN
GNUN
POP
Parte solo, Rey Polvo. El pájaro te guiará. No tienes más que seguirlo, pero tus amigos no pueden ir.
Necesito al murciélago. Él es mis ojos.
Al cementerio de los dragones se va a morir. Si le llevas allí, tendrás que matarlo, porque el lugar es secreto.
Adiós, Orlondow. Adiós, Marvin.
¿Marvin?
No me toques. No te he hecho nada.

46
19

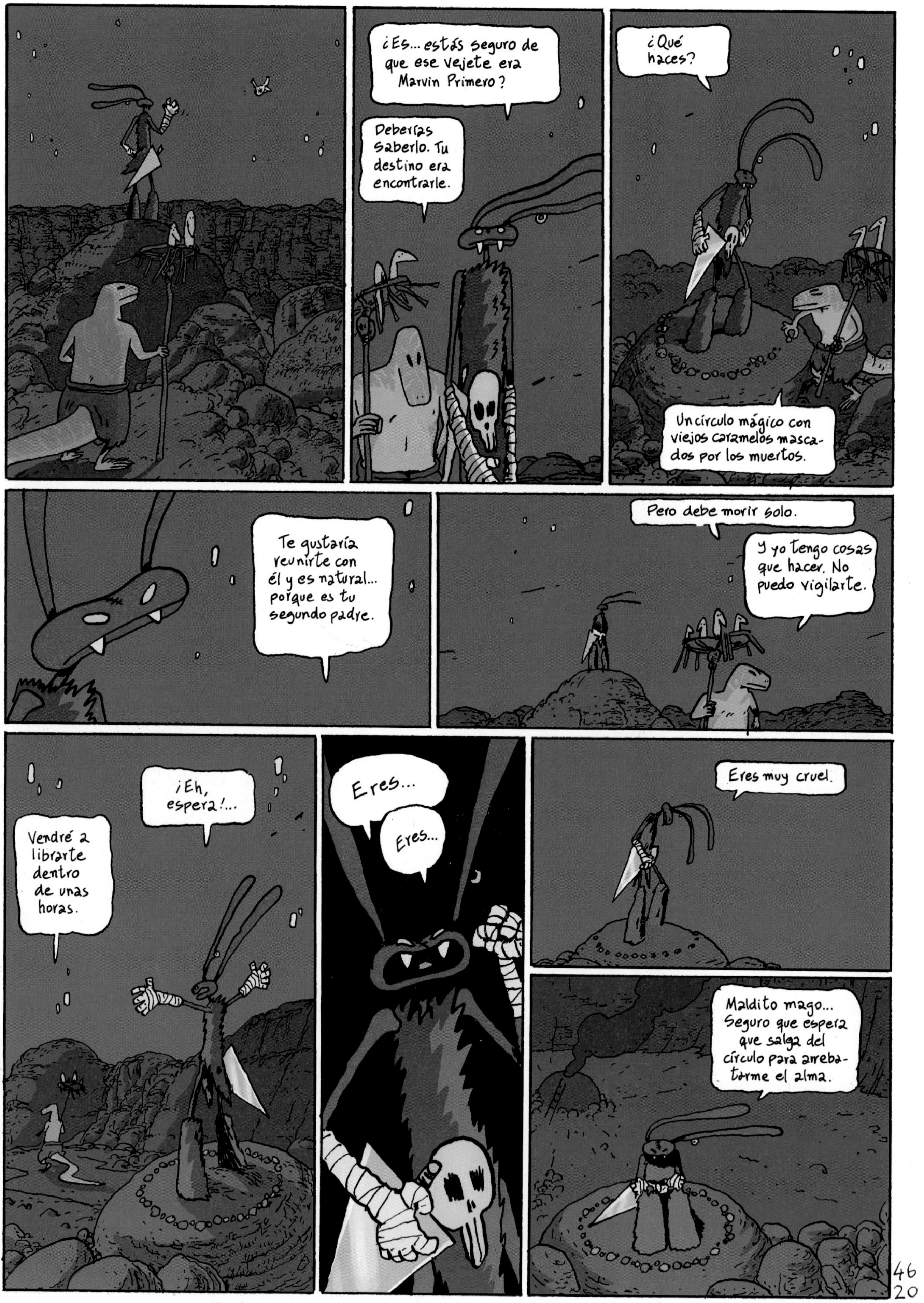
¿Es... estás seguro de que ese vejete era Marvin Primero?
Deberías saberlo. Tu destino era encontrarle.
¿Qué haces?
Un círculo mágico con viejos caramelos mascados por los muertos.
Te gustaría reunirte con él y es natural... porque es tu segundo padre.
Pero debe morir solo.
Y yo tengo cosas que hacer. No puedo vigilarte.
¡Eh, espera!...
Vendré a librarte dentro de unas horas.
Eres...
Eres...
Eres muy cruel.
Maldito mago... Seguro que espera que salga del círculo para arrebatarme el alma.
46
20

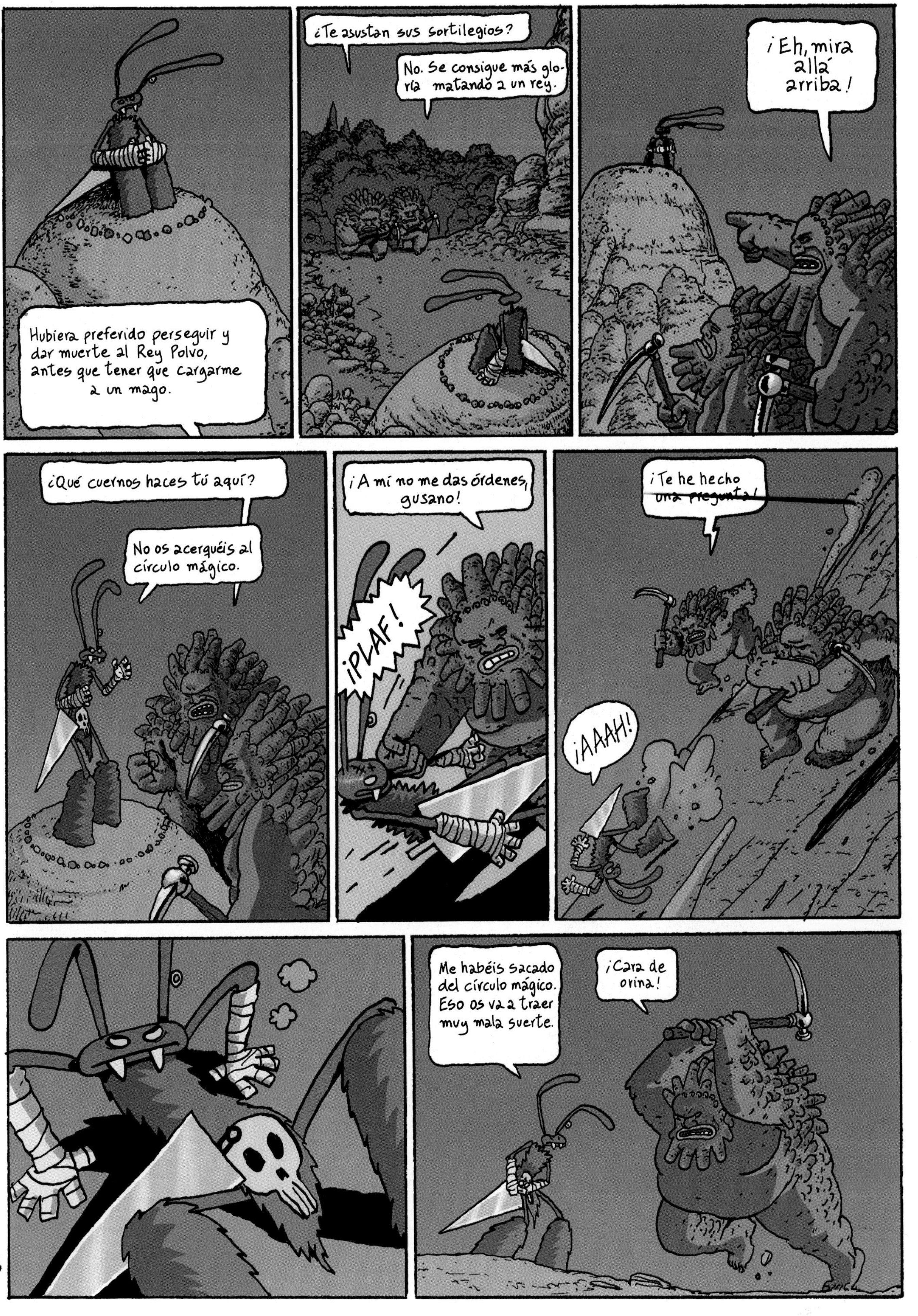
Hubiera preferido perseguir y dar muerte al Rey Polvo, antes que tener que cargarme a un mago.
¿Te asustan sus sortilegios?
No. Se consigue más gloria matando a un rey.
¡Eh, mira allá arriba!
¿Qué cuernos haces tú aquí?
No os acerquéis al círculo mágico.
¡A mí no me das órdenes, gusano!
¡PLAF!
¡Te he hecho una pregunta!
¡AAAH!
Me habéis sacado del círculo mágico. Eso os va a traer muy mala suerte.
¡Cara de orina!

46
21

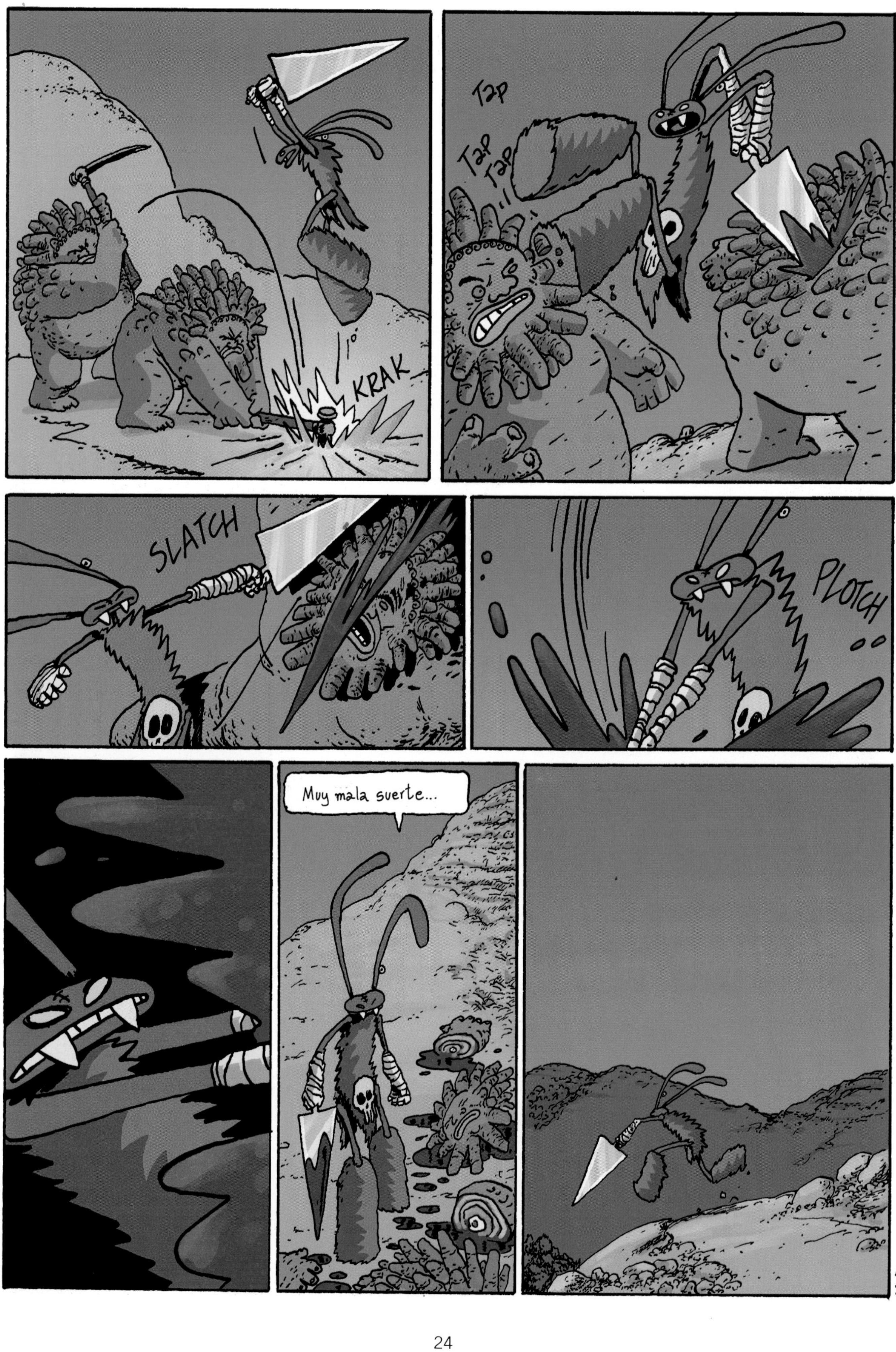
KRAK
Tap
Tap
Tap
SLATCH
PLOTCH
Muy mala suerte...

46
22

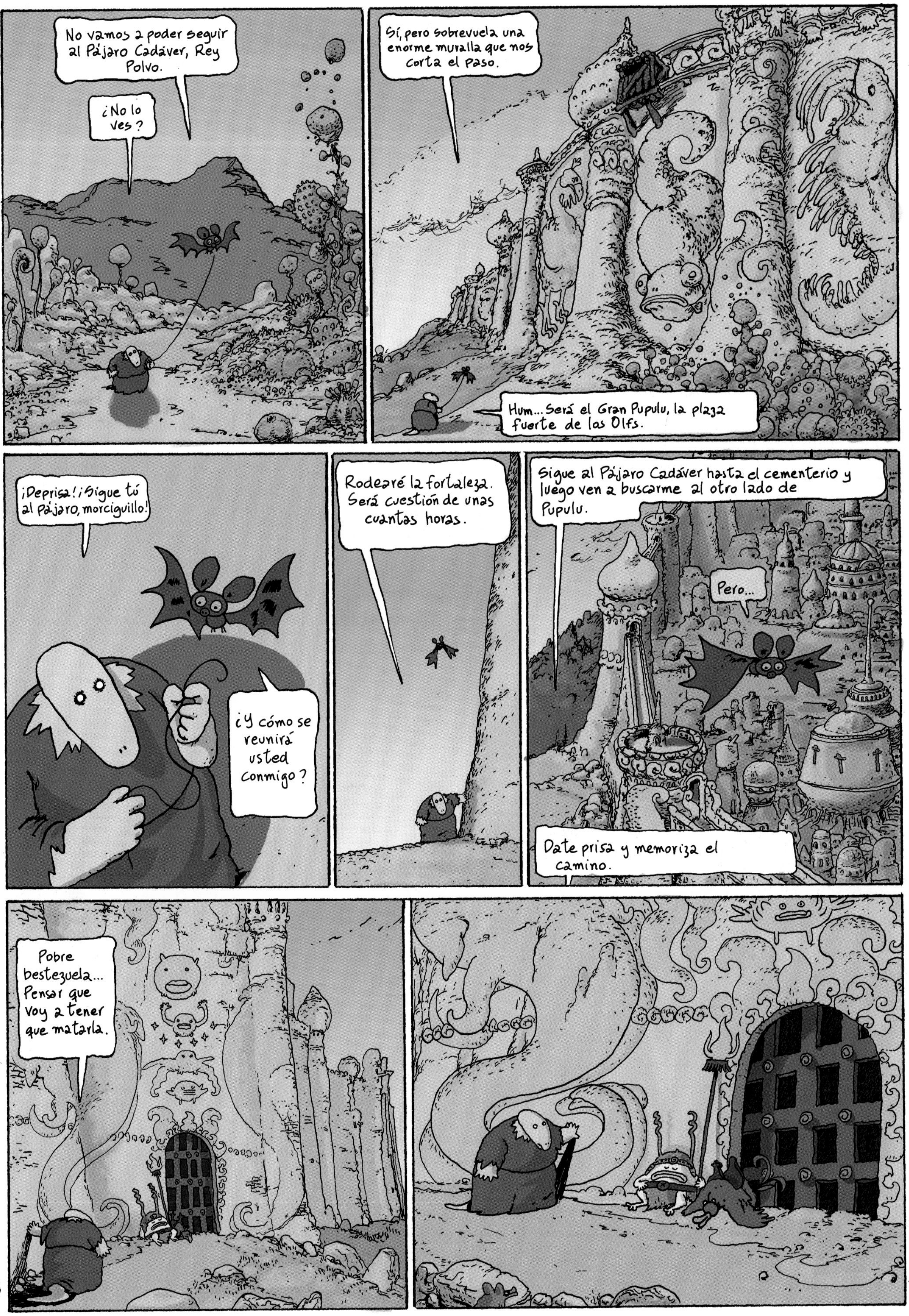
No vamos a poder seguir al Pájaro Cadáver, Rey Polvo.
¿No lo ves?
Sí, pero sobrevuela una enorme muralla que nos corta el paso.
Hum... Será el Gran Pupulu, la plaza fuerte de los Olfs.
¡Deprisa! ¡Sigue tú al pájaro, morciguillo!
¿Y cómo se reunirá usted conmigo?
Rodearé la fortaleza. Será cuestión de unas cuantas horas.
Sigue al Pájaro Cadáver hasta el cementerio y luego ven a buscarme al otro lado de Pupulu.
Pero...
Date prisa y memoriza el camino.
Pobre bestezuela... Pensar que voy a tener que matarla.

46
23

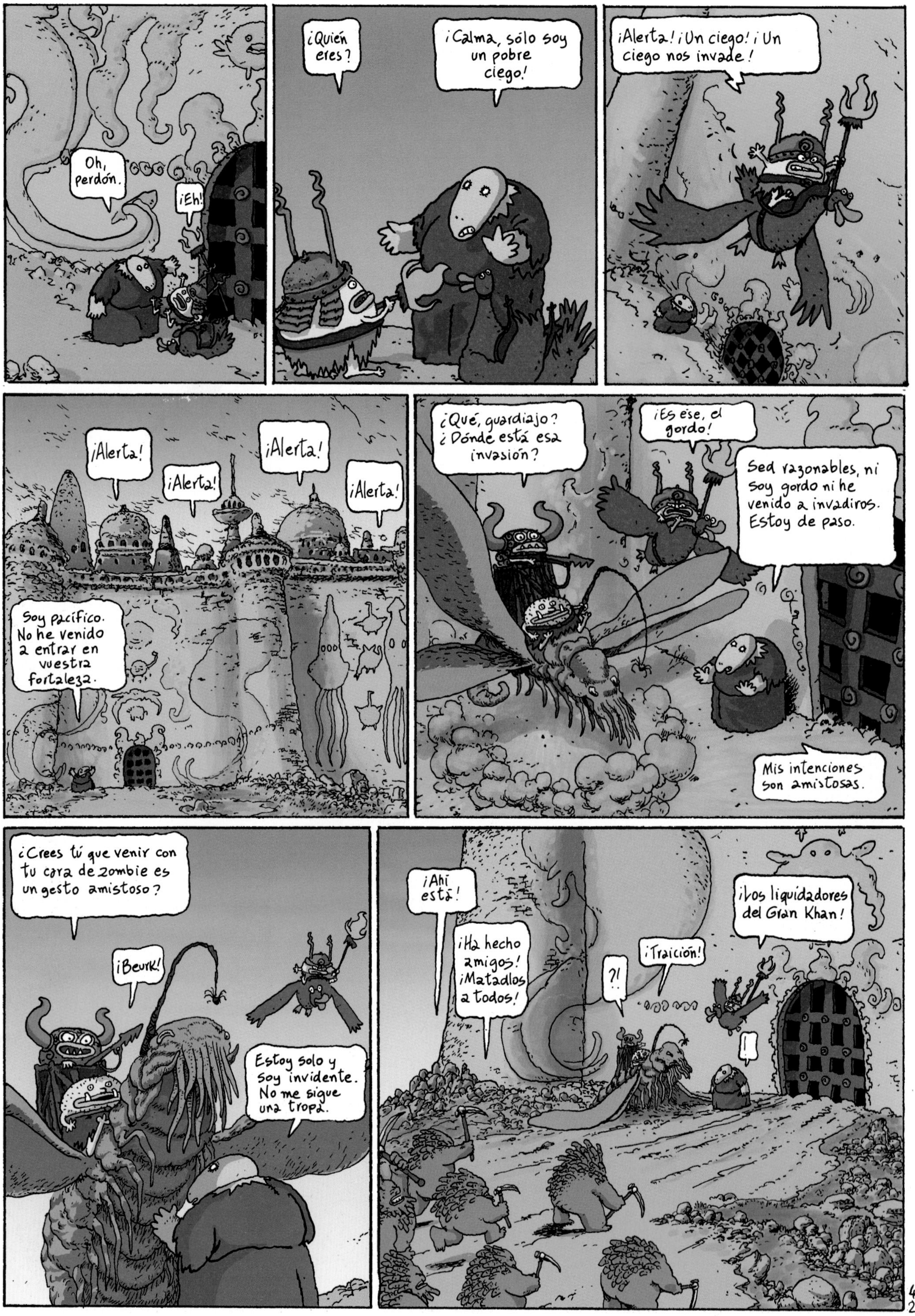
Oh, perdón.
¡Eh!
¿Quién eres?
¡Calma, sólo soy un pobre ciego!
¡Alerta! ¡Un ciego! ¡Un ciego nos invade!
¡Alerta!
¡Alerta!
¡Alerta!
¡Alerta!
Soy pacífico. No he venido a entrar en vuestra fortaleza.
¿Qué, guardiajo? ¿Dónde está esa invasión?
¡Es ese, el gordo!
Sed razonables, ni soy gordo ni he venido a invadiros. Estoy de paso.
Mis intenciones son amistosas.
¿Crees tú que venir con tu cara de zombie es un gesto amistoso?
¡Beurk!
Estoy solo y soy invidente. No me sigue una tropa.
¡Ahí está!
¡Ha hecho amigos! ¡Matadlos a todos!
?!
¡Traición!
¡Los liquidadores del Gran Khan!
!
46
24

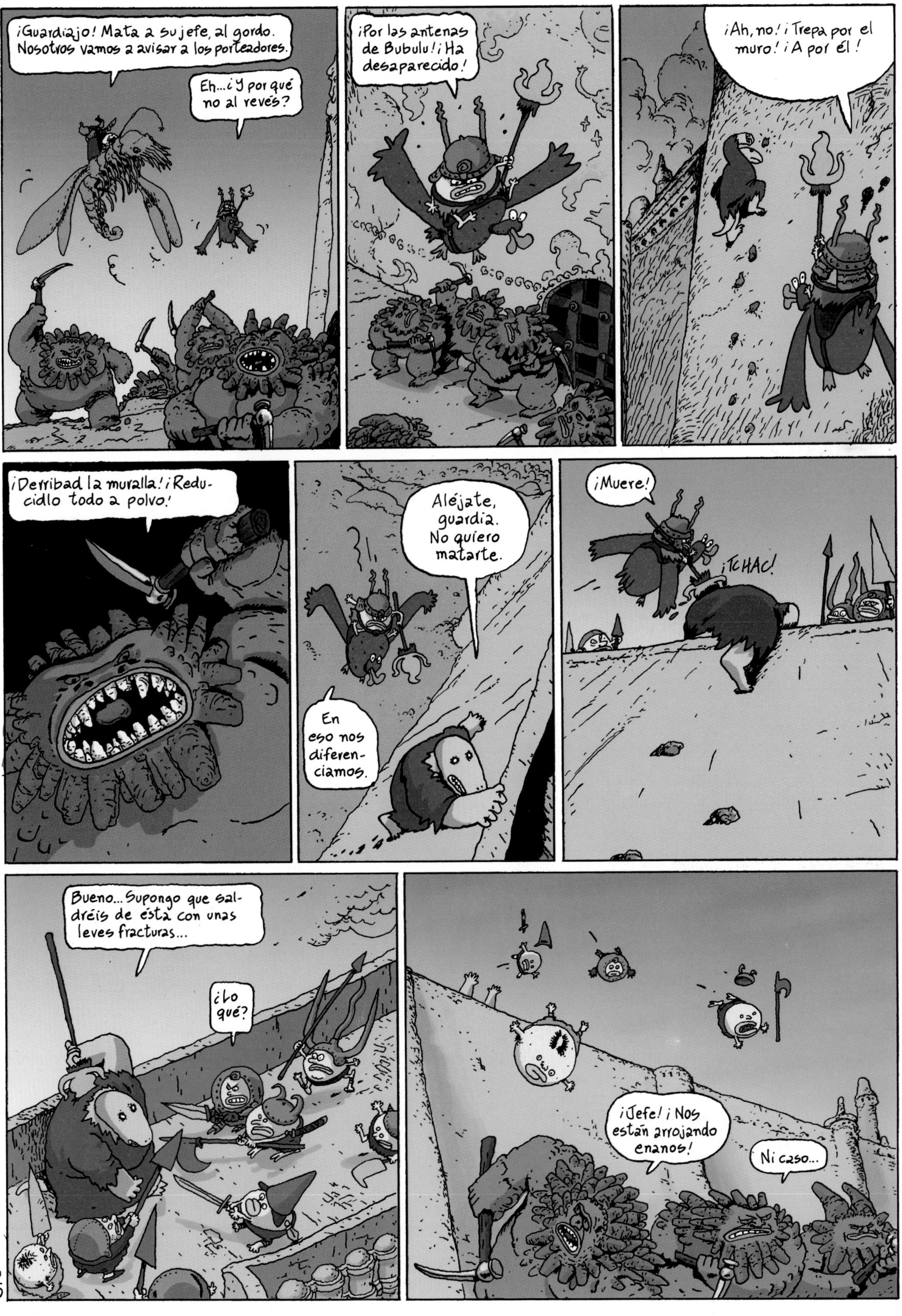

¡Guardiajo! Mata a su jefe, al gordo. Nosotros vamos a avisar a los porteadores.
Eh... ¿Y por qué no al revés?
¡Por las antenas de Bubulu! ¡Ha desaparecido!
¡Ah, no! ¡Trepa por el muro! ¡A por él!
¡Derribad la muralla! ¡Reducidlo todo a polvo!
Aléjate, guardia. No quiero matarte.
En eso nos diferenciamos.
¡Muere!
¡TCHAC!
Bueno... Supongo que saldréis de ésta con unas leves fracturas...
¿Lo qué?
¡Jefe! ¡Nos están arrojando enanos!
Ni caso...

46
25

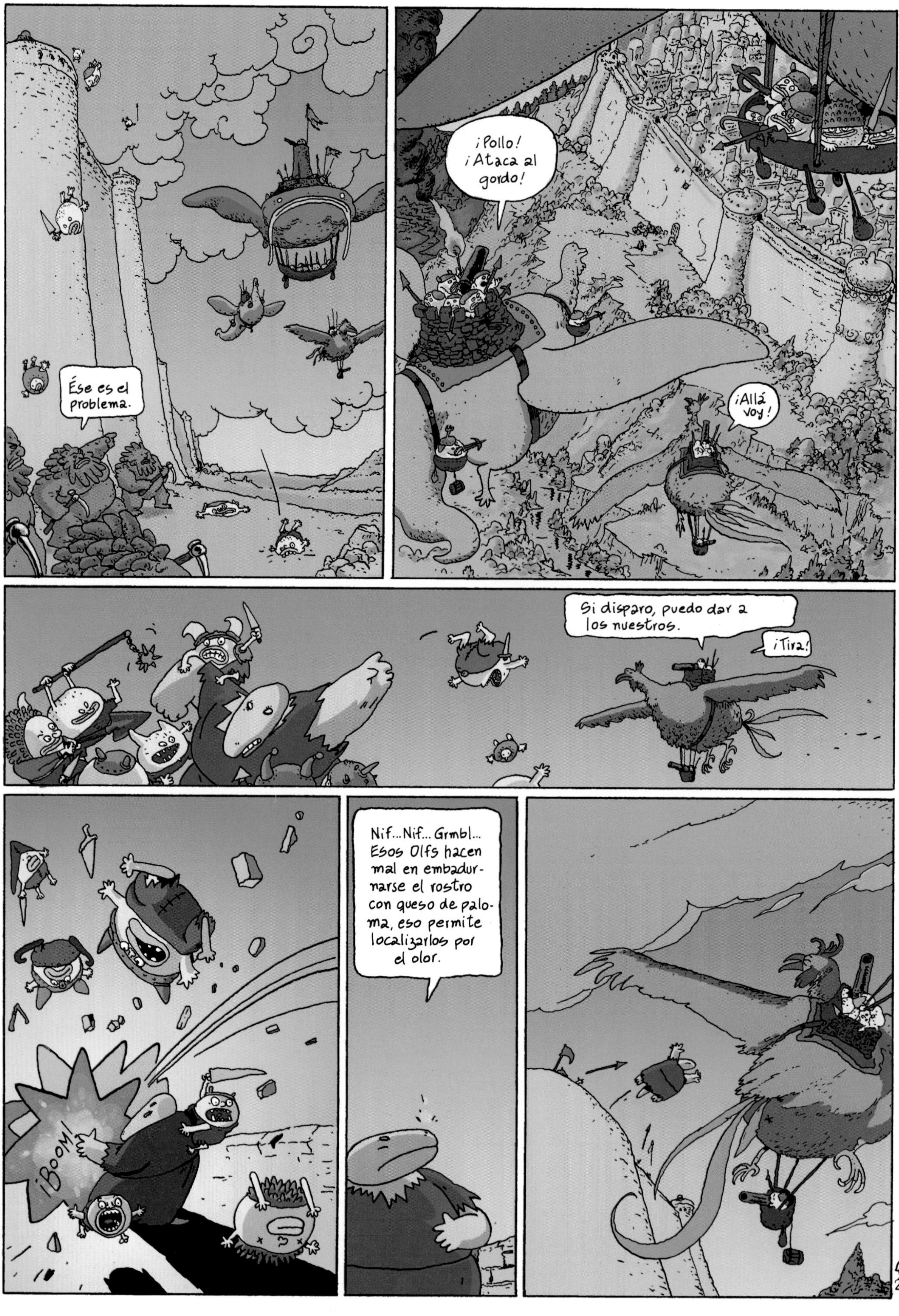

Ése es el problema.
¡Pollo! ¡Ataca al gordo!
¡Allá voy!
Si disparo, puedo dar a los nuestros.
¡Tira!
¡BOOM!
Nif... Nif... Grmbl... Esos Olfs hacen mal en embadurnarse el rostro con queso de paloma, eso permite localizarlos por el olor.

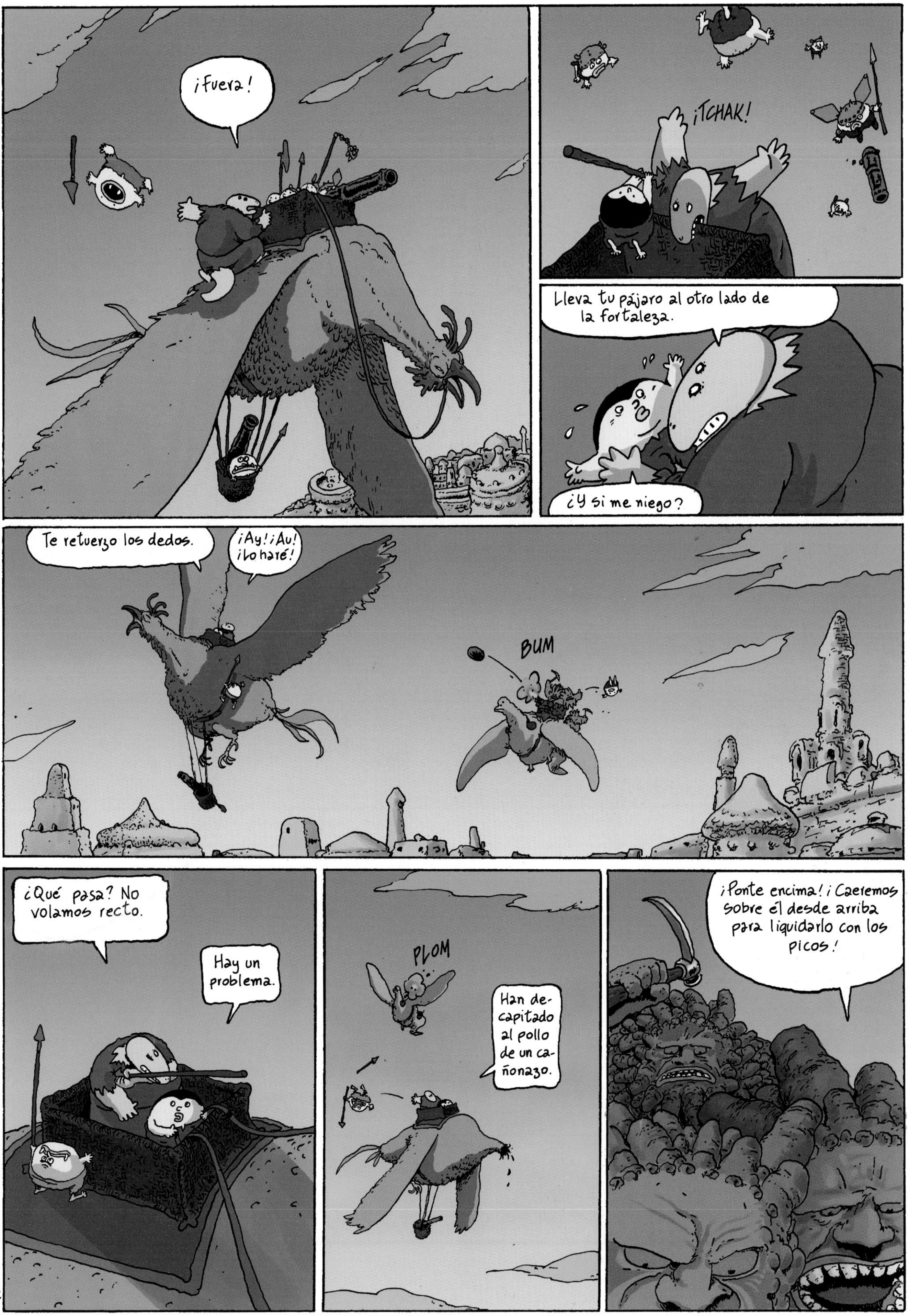

¡Fuera!
¡TCHAK!
Lleva tu pájaro al otro lado de la fortaleza.
¿Y si me niego?
Te retuerzo los dedos.
¡Ay! ¡Au! ¡Lo haré!
BUM
¿Qué pasa? No volamos recto.
Hay un problema.
PLOM
Han decapitado al pollo de un cañonazo.
¡Ponte encima! ¡Caeremos sobre él desde arriba para liquidarlo con los picos!
46
27

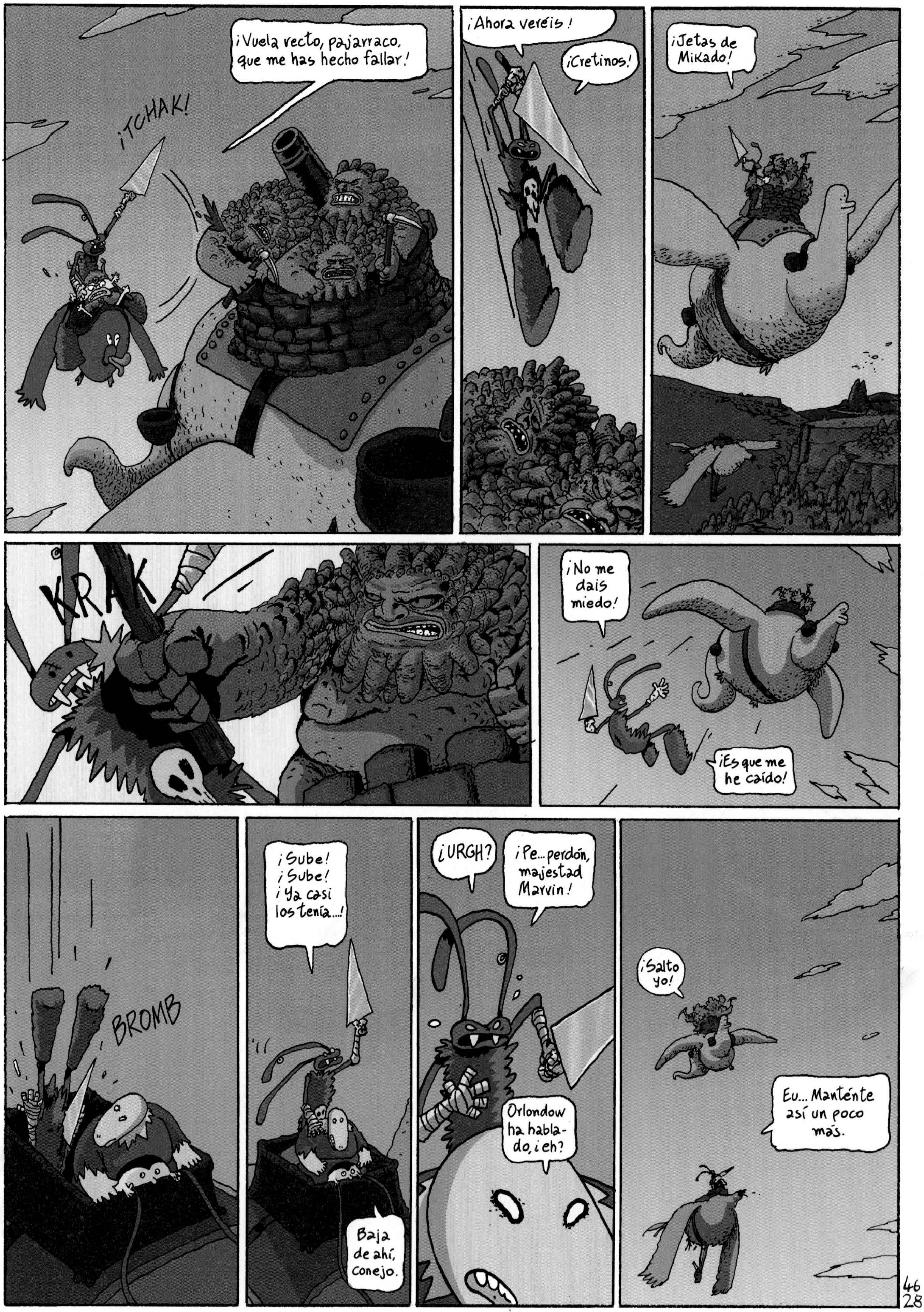
¡Vuela recto, pajarraco, que me has hecho fallar!
¡TCHAK!
¡Ahora veréis!
¡Cretinos!
¡Jetas de Mikado!
KRAK
¡No me dais miedo!
¡Es que me he caído!
BROMB
¡Sube! ¡Sube! ¡Ya casi los tenía...!
Baja de ahí, conejo.
¿URGH?
¡Pe... perdón, majestad Marvin!
Orlondow ha hablado, ¿eh?
¡Salto yo!
Eu... Mantente así un poco más.
46
28

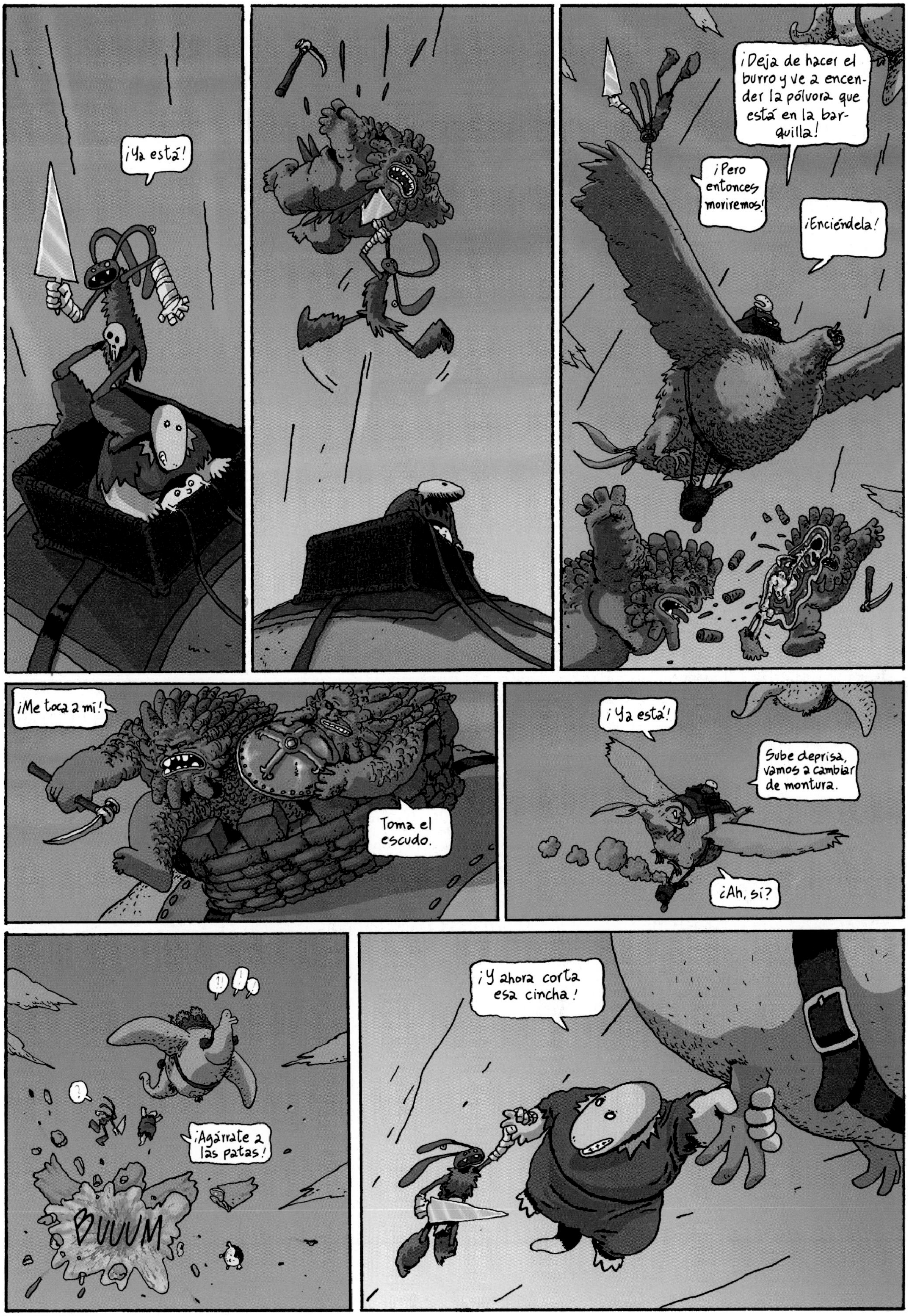
¡Ya está!
¡Deja de hacer el burro y ve a encender la pólvora que está en la barquilla!
¡Pero entonces moriremos!
¡Enciéndela!
¡Me toca a mí!
Toma el escudo.
¡Ya está!
Sube deprisa, vamos a cambiar de montura.
¿Ah, sí?
¡Agárrate a las patas!
BUUUM
¡Y ahora corta esa cincha!

46
29

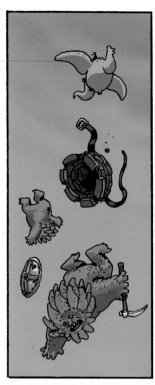

¡YUPIIIII!

Deja de gritar. Nos sigue otro, lo presiento.

Mantén recto el cuello de la montura. Yo me encargo del otro.

Pero si está muy lejos, majestad Marvin...Y no tenemos cañones.

He aprendido a dejar crecer champiñones azules bajo mis sobacos.

¿Quiere decir que...?

Sí, vas a asistir a mi último Tong Devm.

¿Pero qué hace?

Parece que vaya a lanzar un grito.

KSHHH

¡Uauh! ¡Qué matanza más bonita!

Matar no tiene nada de bonito.

46
30

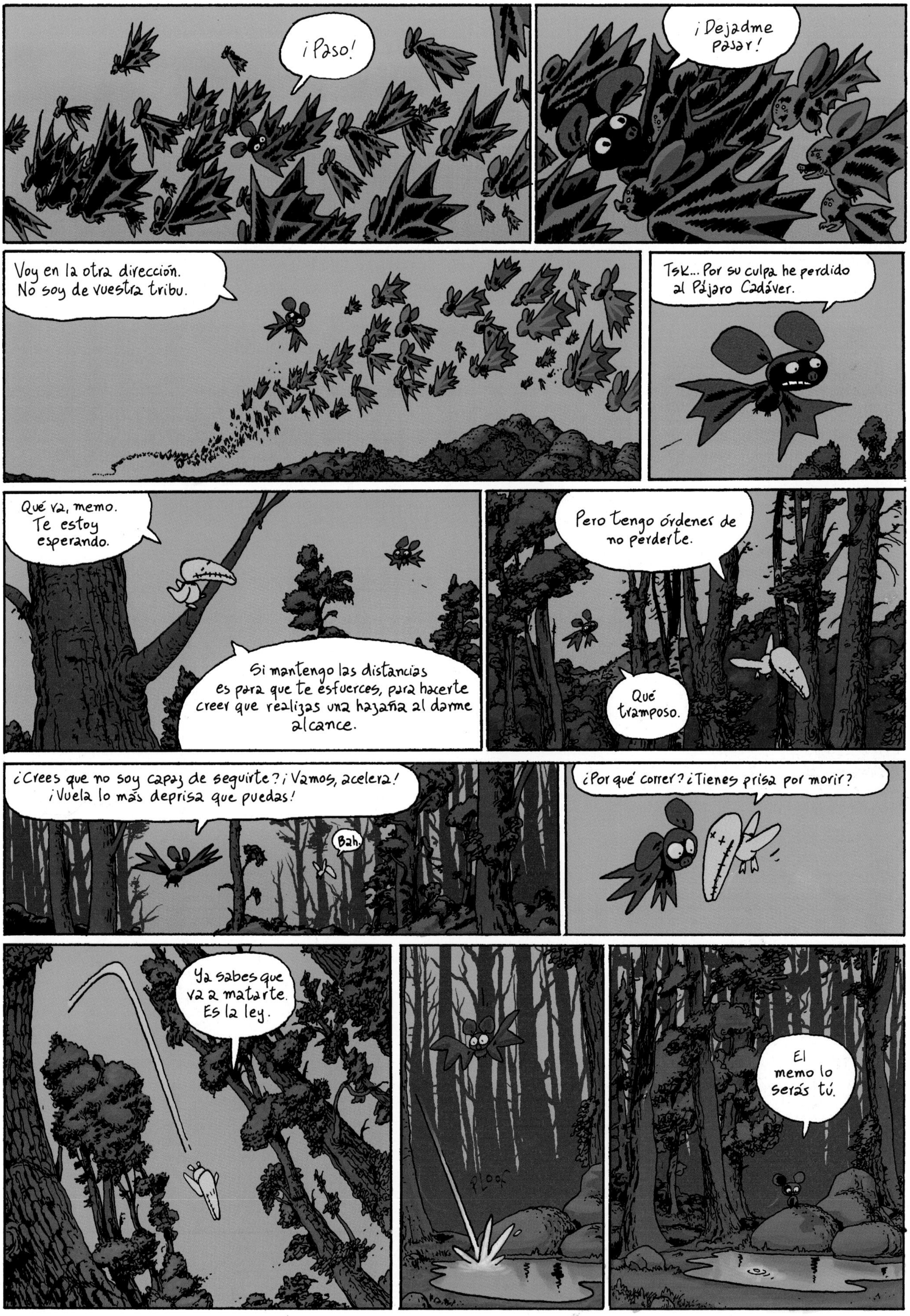
¡Paso!
¡Dejadme pasar!
Voy en la otra dirección. No soy de vuestra tribu.
Tsk... Por su culpa he perdido al Pájaro Cadáver.
Qué va, memo. Te estoy esperando.
Si mantengo las distancias es para que te esfuerces, para hacerte creer que realizas una hazaña al darme alcance.
Pero tengo órdenes de no perderte.
Qué tramposo.
¿Crees que no soy capaz de seguirte? ¡Vamos, acelera! ¡Vuela lo más deprisa que puedas!
Bah.
¿Por qué correr? ¿Tienes prisa por morir?
Ya sabes que va a matarte. Es la ley.
PLOF
El memo lo serás tú.

46
31

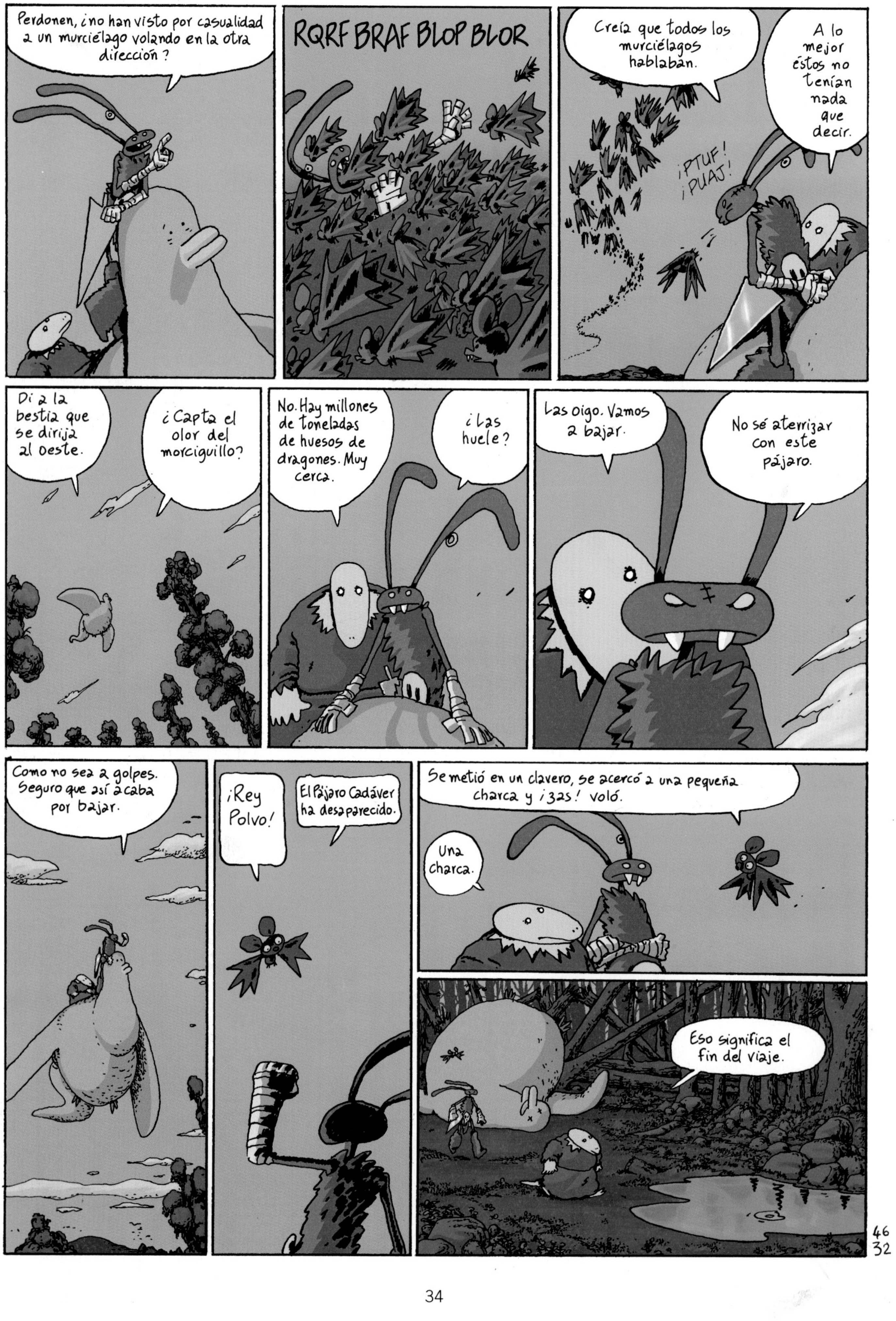
Perdonen, ¿no han visto por casualidad a un murciélago volando en la otra dirección?
RQRF BRAF BLOP BLOR
Creía que todos los murciélagos hablaban.
A lo mejor éstos no tenían nada que decir.
¡PTUF! ¡PUAJ!
Di a la bestia que se dirija al oeste.
¿Capta el olor del morciguillo?
No. Hay millones de toneladas de huesos de dragones. Muy cerca.
¿Las huele?
Las oigo. Vamos a bajar.
No sé aterrizar con este pájaro.
Como no sea a golpes. Seguro que así acaba por bajar.
¡Rey Polvo!
El Pájaro Cadáver ha desaparecido.
Se metió en un clavero, se acercó a una pequeña charca y ¡zas! voló.
Una charca.
Eso significa el fin del viaje.
46
32

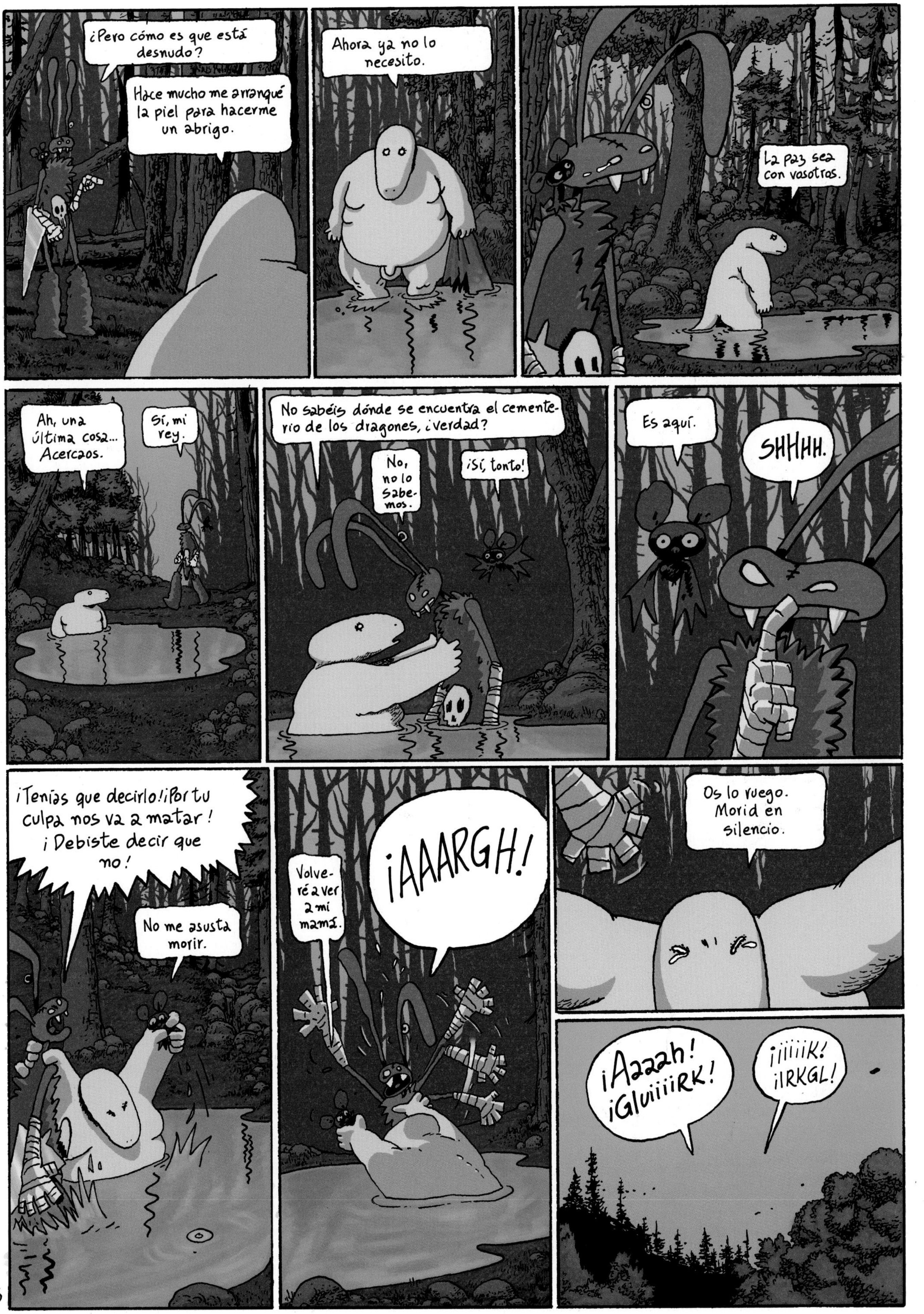

¿Pero cómo es que está desnudo?
Hace mucho me arranqué la piel para hacerme un abrigo.
Ahora ya no lo necesito.
La paz sea con vosotros.
Ah, una última cosa... Acercaos.
Sí, mi rey.
No sabéis dónde se encuentra el cementerio de los dragones, ¿verdad?
No, no lo sabemos.
¡Sí, tonto!
Es aquí.
SHHHH.
¡Tenías que decirlo! ¡Por tu culpa nos va a matar! ¡Debiste decir que no!
No me asusta morir.
Volveré a ver a mi mamá.
¡AAARGH!
Os lo ruego. Morid en silencio.
¡Aaaah! ¡GluiiiiRK!
¡¡¡¡¡iK! ¡IRKGL!

46
33

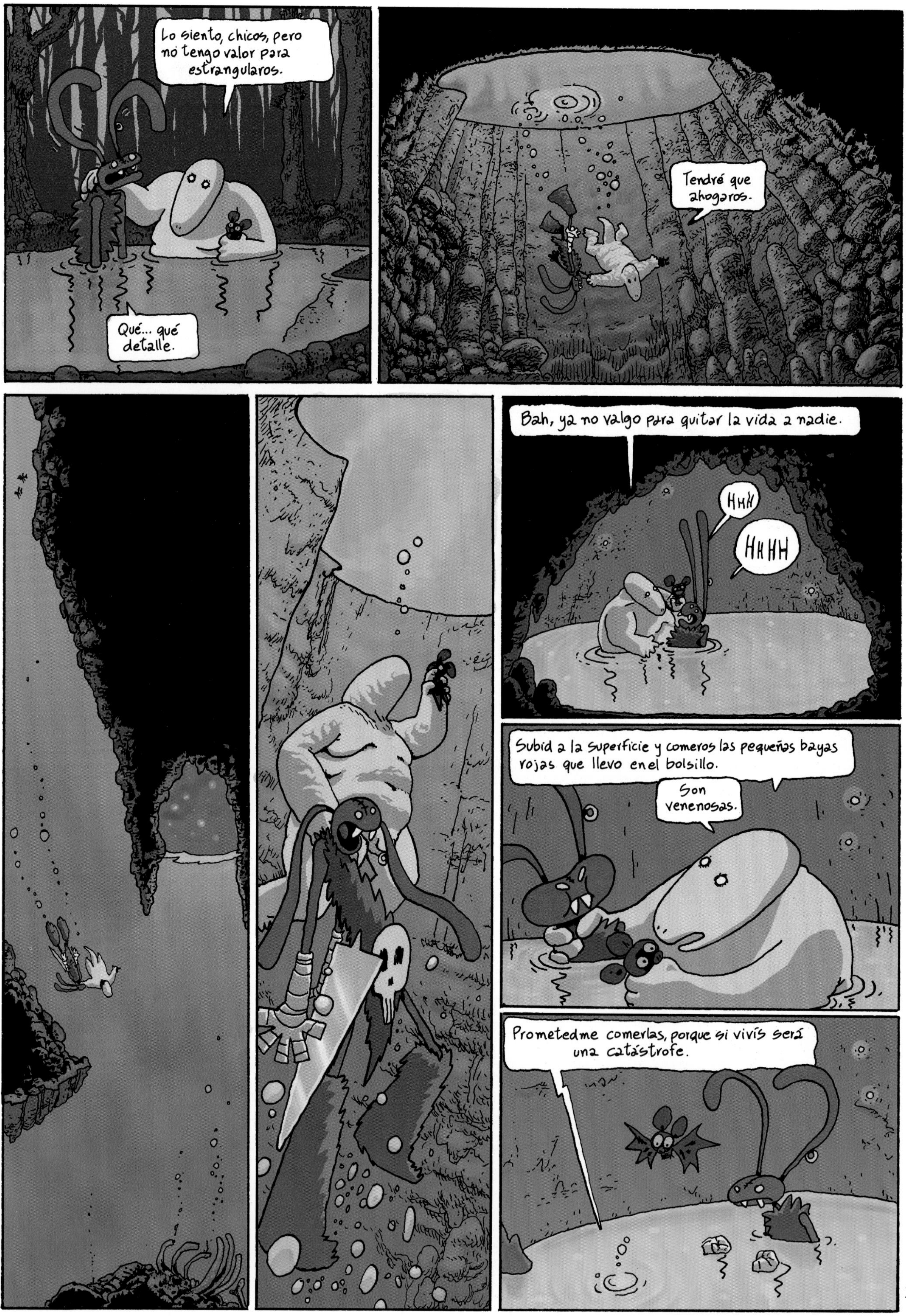
Lo siento, chicos, pero no tengo valor para estrangularos.
Qué... qué detalle.
Tendré que ahogaros.
Bah, ya no valgo para quitar la vida a nadie.
HHH
HHHH
Subid a la superficie y comeros las pequeñas bayas rojas que llevo en el bolsillo.
Son venenosas.
Prometedme comerlas, porque si vivís será una catástrofe.

46
34

¿Lloras?

¡No, es el agua! Me ha entrado en los ojos.

Vamos... Hay que subir a comerse las bayas.

Primero hay que esconder la piel de Marvin I donde no puedan profanarla.

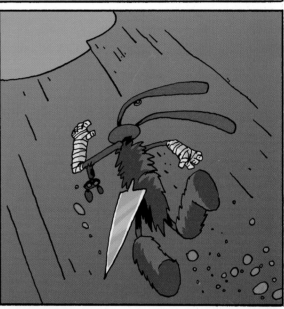

ARF.

Luego ya podremos morir.

Por fin...

Éste es el famoso cementerio de los dragones.

x

46
35

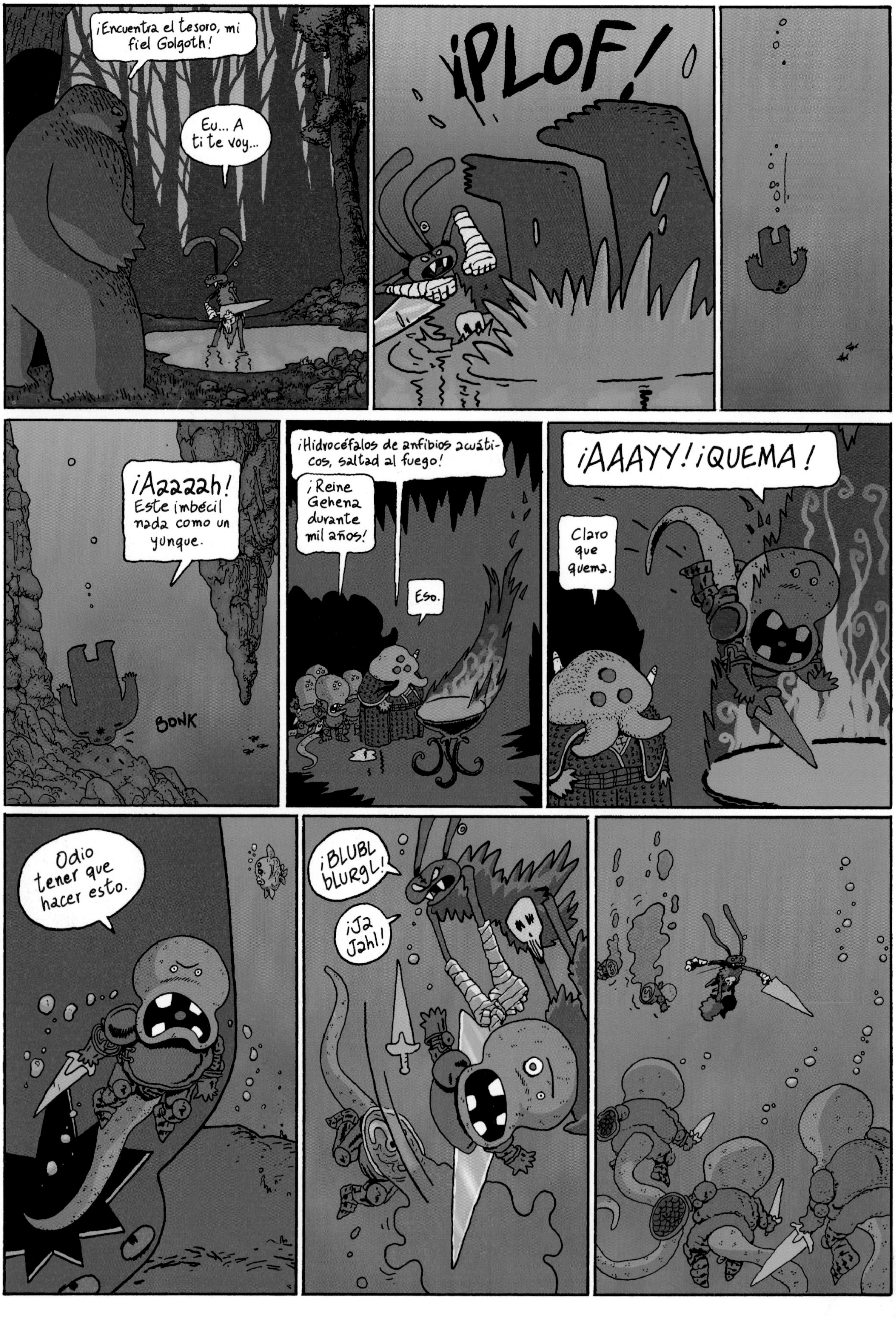

¡Encuentra el tesoro, mi fiel Golgoth!
Eu... A ti te voy...
¡PLOF!
¡Aaaaah! Este imbécil nada como un yunque.
BONK
¡Hidrocéfalos de anfibios acuáticos, saltad al fuego!
¡Reine Gehena durante mil años!
Eso.
¡AAAYY! ¡QUEMA!
Claro que quema.
Odio tener que hacer esto.
¡BLUBL blURgL!
¡Ja Jah!

46
36

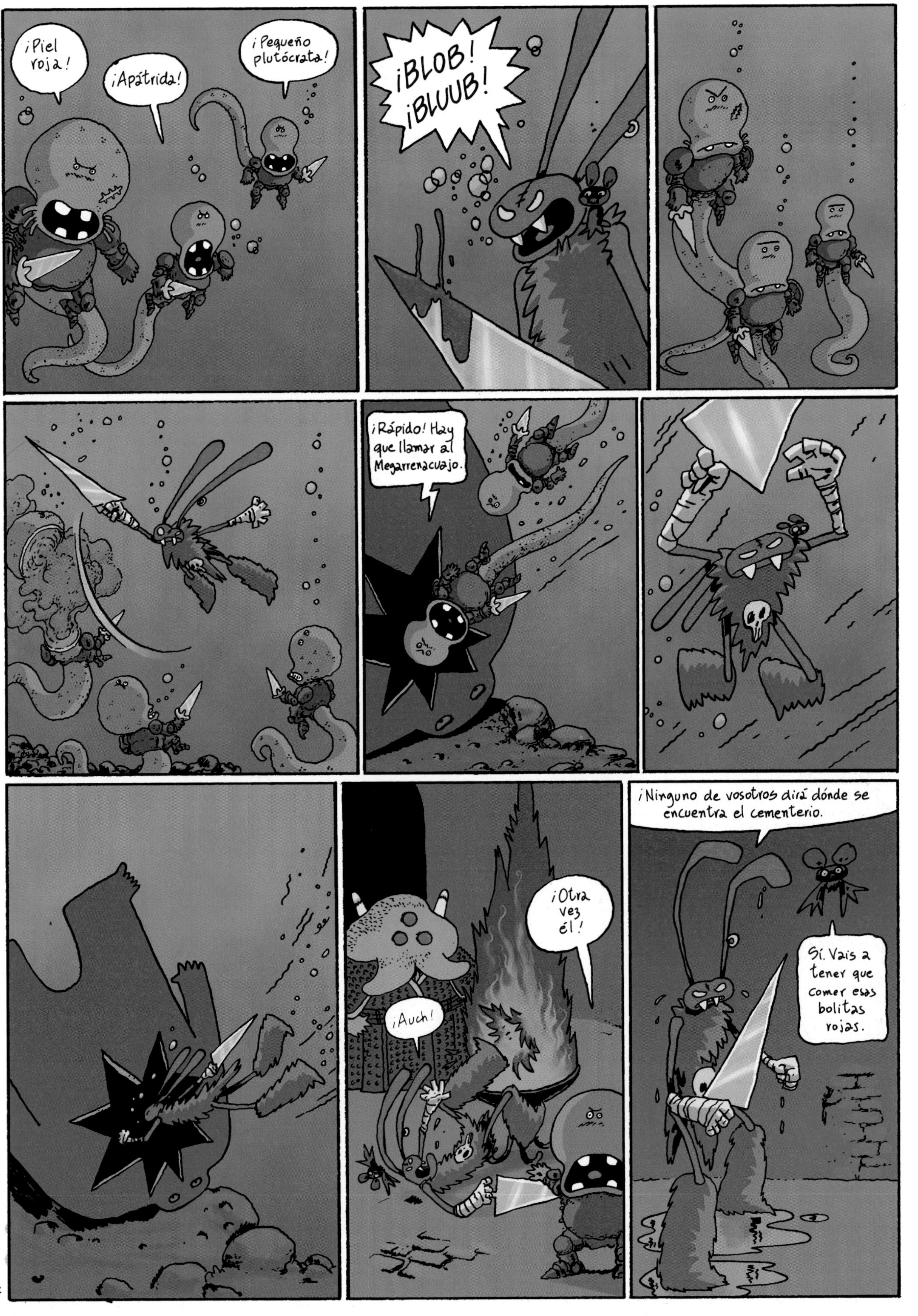

¡Piel roja!
¡Apátrida!
¡Pequeño plutócrata!
¡BLOB! ¡BLUUB!
¡Rápido! Hay que llamar al Megarrenacuajo.
¡Otra vez él!
¡Auch!
¡Ninguno de vosotros dirá dónde se encuentra el cementerio.
Sí. Vais a tener que comer esas bolitas rojas.

46
37

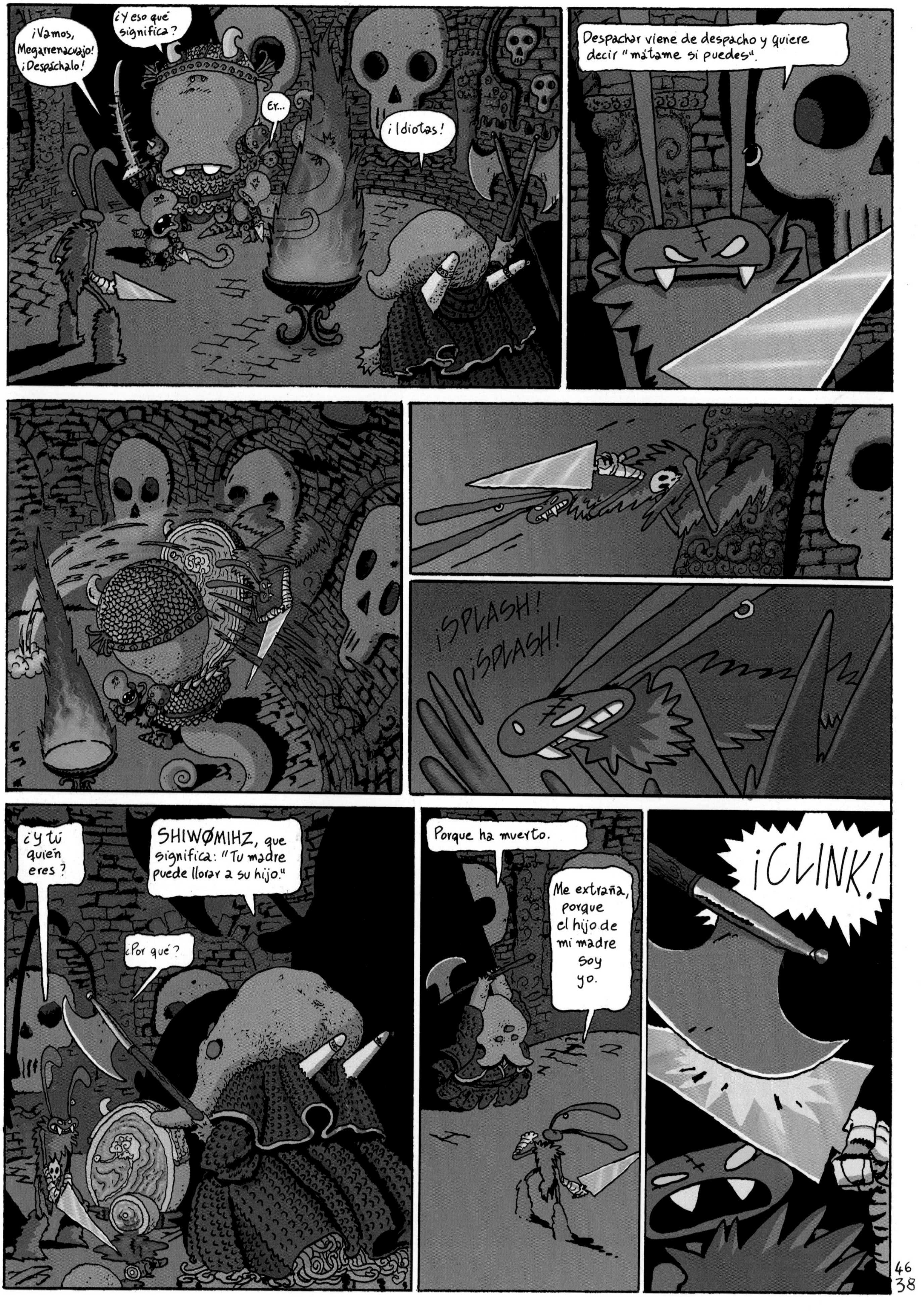
¡Vamos, Megarrenacuajo! ¡Despáchalo!
¿Y eso qué significa?
Er...
¡Idiotas!
Despachar viene de despacho y quiere decir "mátame si puedes".
¡SPLASH!
¡SPLASH!
¿Y tú quién eres?
SHIWØMIHZ, que significa: "Tu madre puede llorar a su hijo."
¿Por qué?
Porque ha muerto.
Me extraña, porque el hijo de mi madre soy yo.
¡CLINK!
46
38

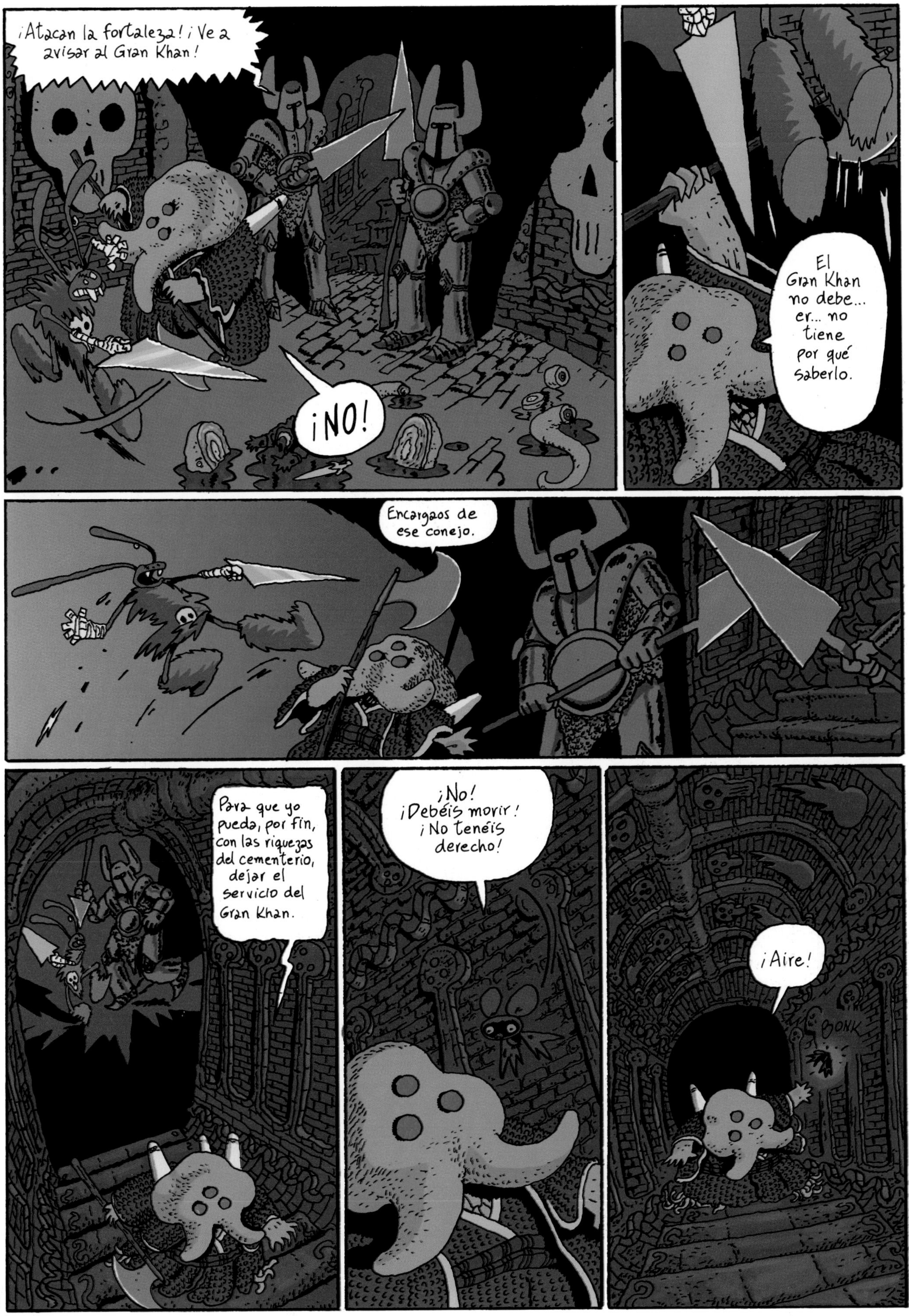
¡Atacan la fortaleza! ¡Ve a avisar al Gran Khan!
¡NO!
El Gran Khan no debe... er... no tiene por qué saberlo.
Encargaos de ese conejo.
Para que yo pueda, por fin, con las riquezas del cementerio, dejar el servicio del Gran Khan.
¡No! ¡Debéis morir! ¡No tenéis derecho!
¡Aire!
BONK

46
39

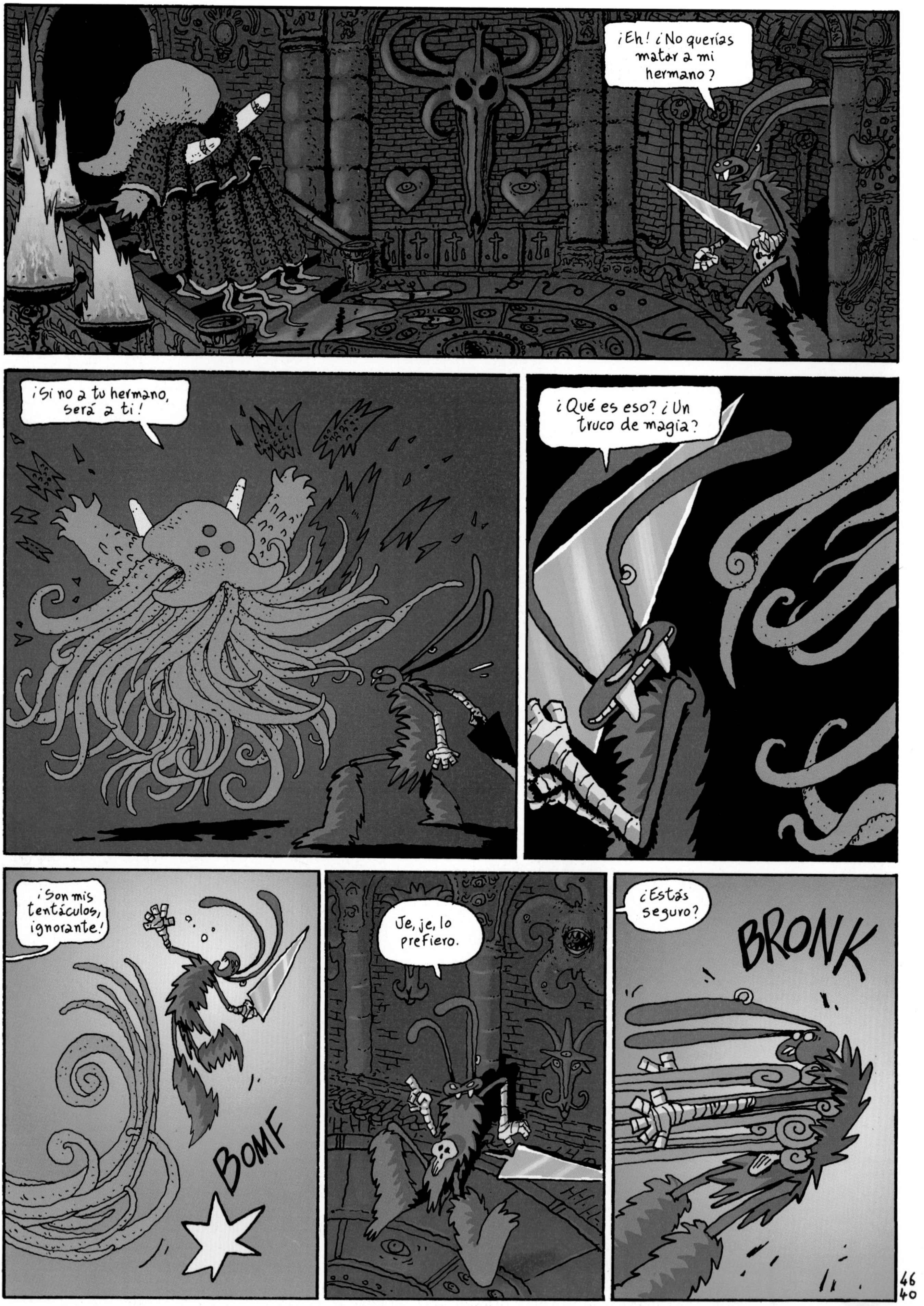
¡Eh! ¿No querías matar a mi hermano?
¡Si no a tu hermano, será a ti!
¿Qué es eso? ¿Un truco de magia?
¡Son mis tentáculos, ignorante!
BOMF
Je, je, lo prefiero.
¿Estás seguro?
BRONK

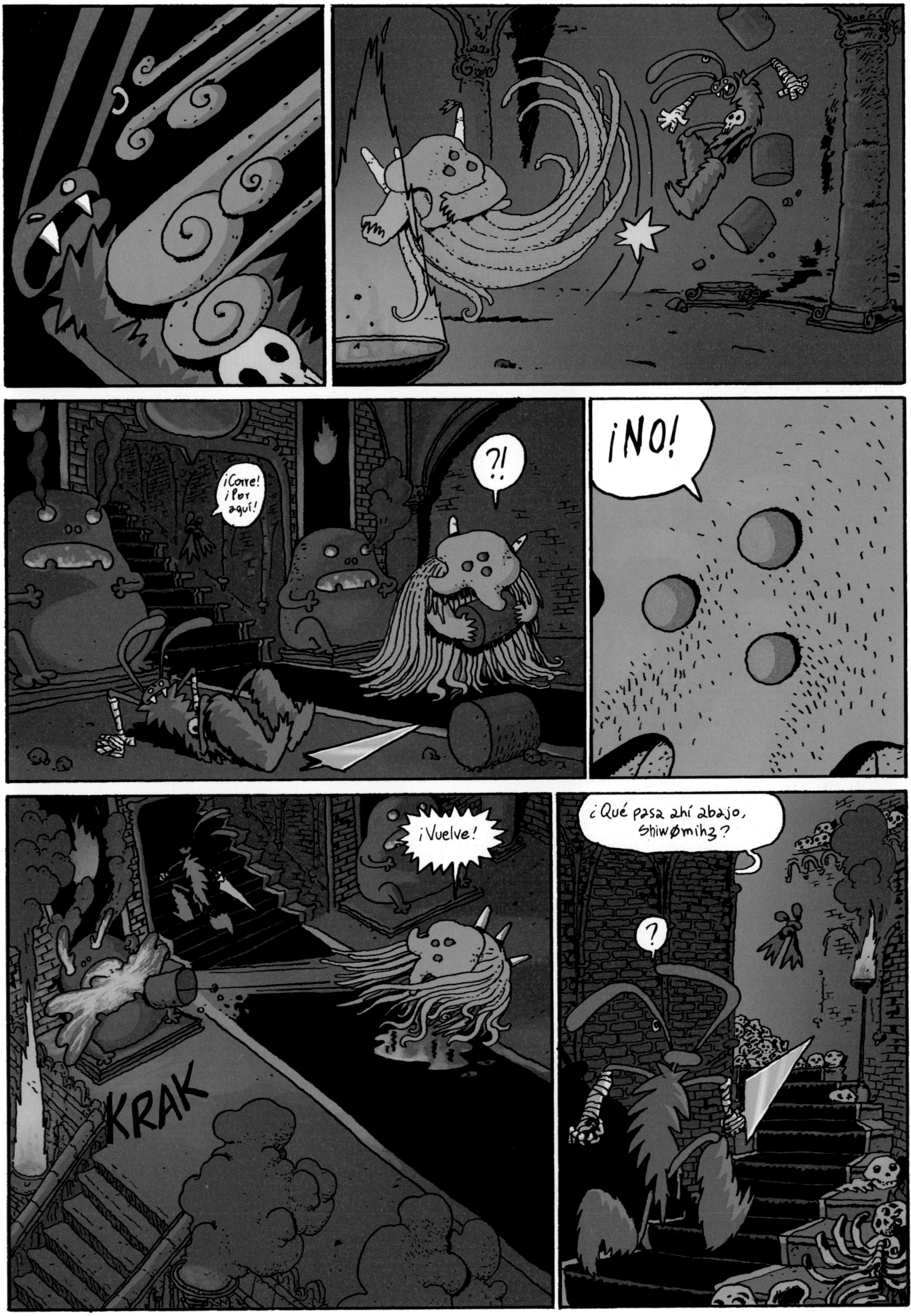
¡Corre! ¡Por aquí!
?!
¡NO!
¡Vuelve!
KRAK
¿Qué pasa ahí abajo, Shiwømihz?
?

46
41

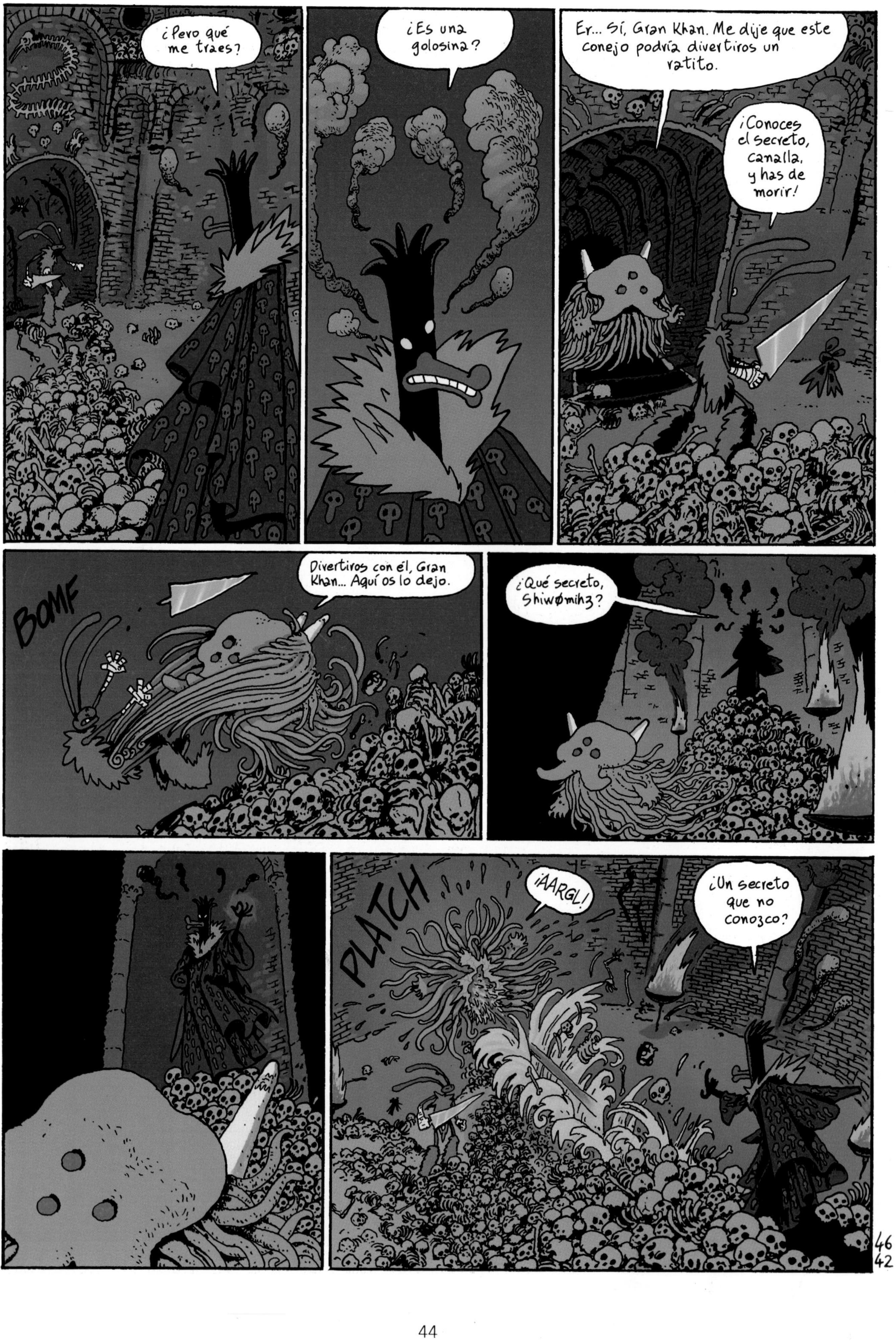
¿Pero qué me traes?
¿Es una golosina?
Er... Sí, Gran Khan. Me dije que este conejo podría divertiros un ratito.
¡Conoces el secreto, canalla, y has de morir!
BOMF
Divertiros con él, Gran Khan... Aquí os lo dejo.
¿Qué secreto, Shiwømih3?
PLATCH
¡AARGL!
¿Un secreto que no conozco?

46
42

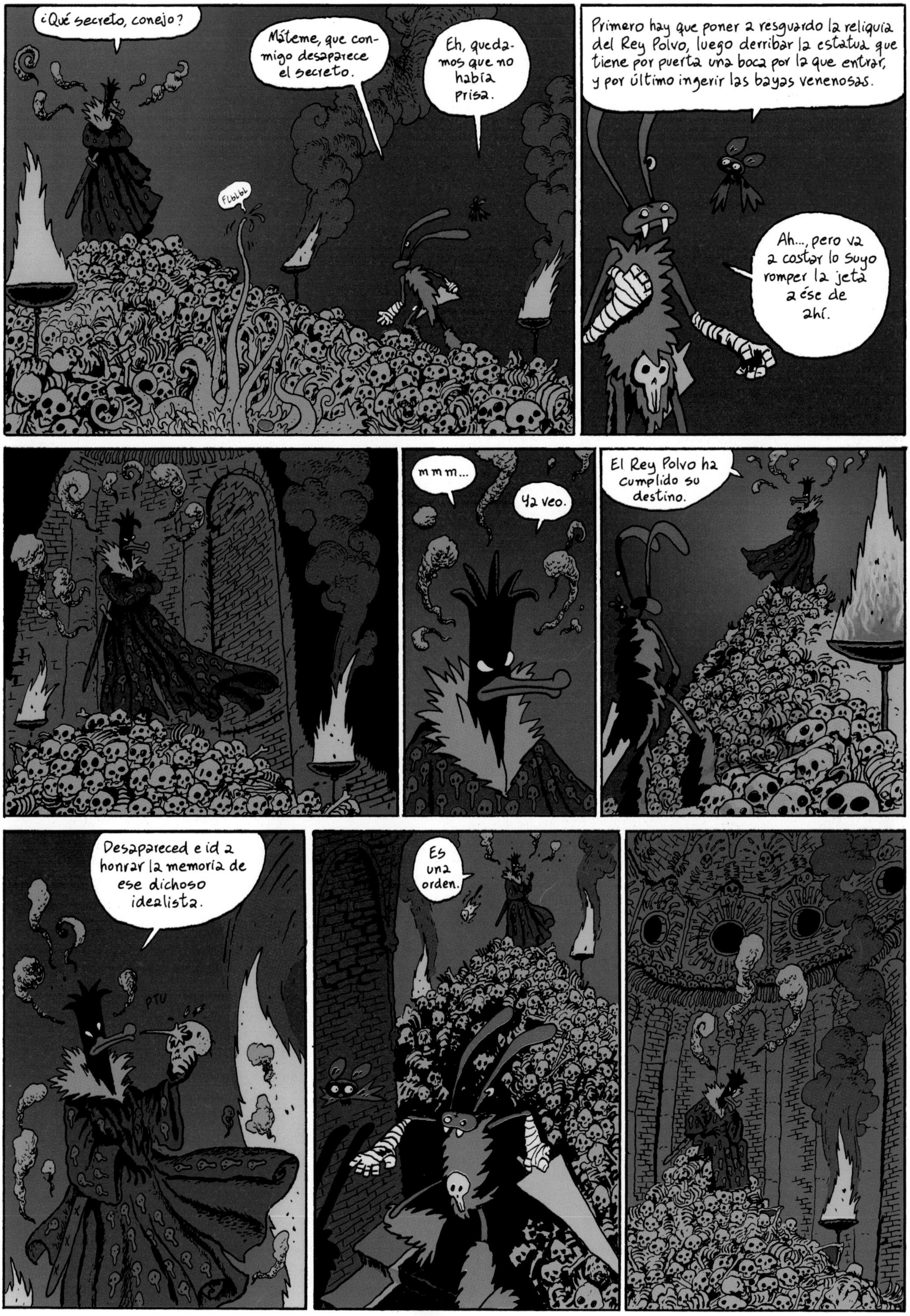
¿Qué secreto, conejo?
Máteme, que conmigo desaparece el secreto.
Eh, quedamos que no había prisa.
FLbLbL
Primero hay que poner a resguardo la reliquia del Rey Polvo, luego derribar la estatua que tiene por puerta una boca por la que entrar, y por último ingerir las bayas venenosas.
Ah..., pero va a costar lo suyo romper la jeta a ése de ahí.
mmm...
Ya veo.
El Rey Polvo ha cumplido su destino.
Desapareced e id a honrar la memoria de ese dichoso idealista.
PTU
Es una orden.

46
43

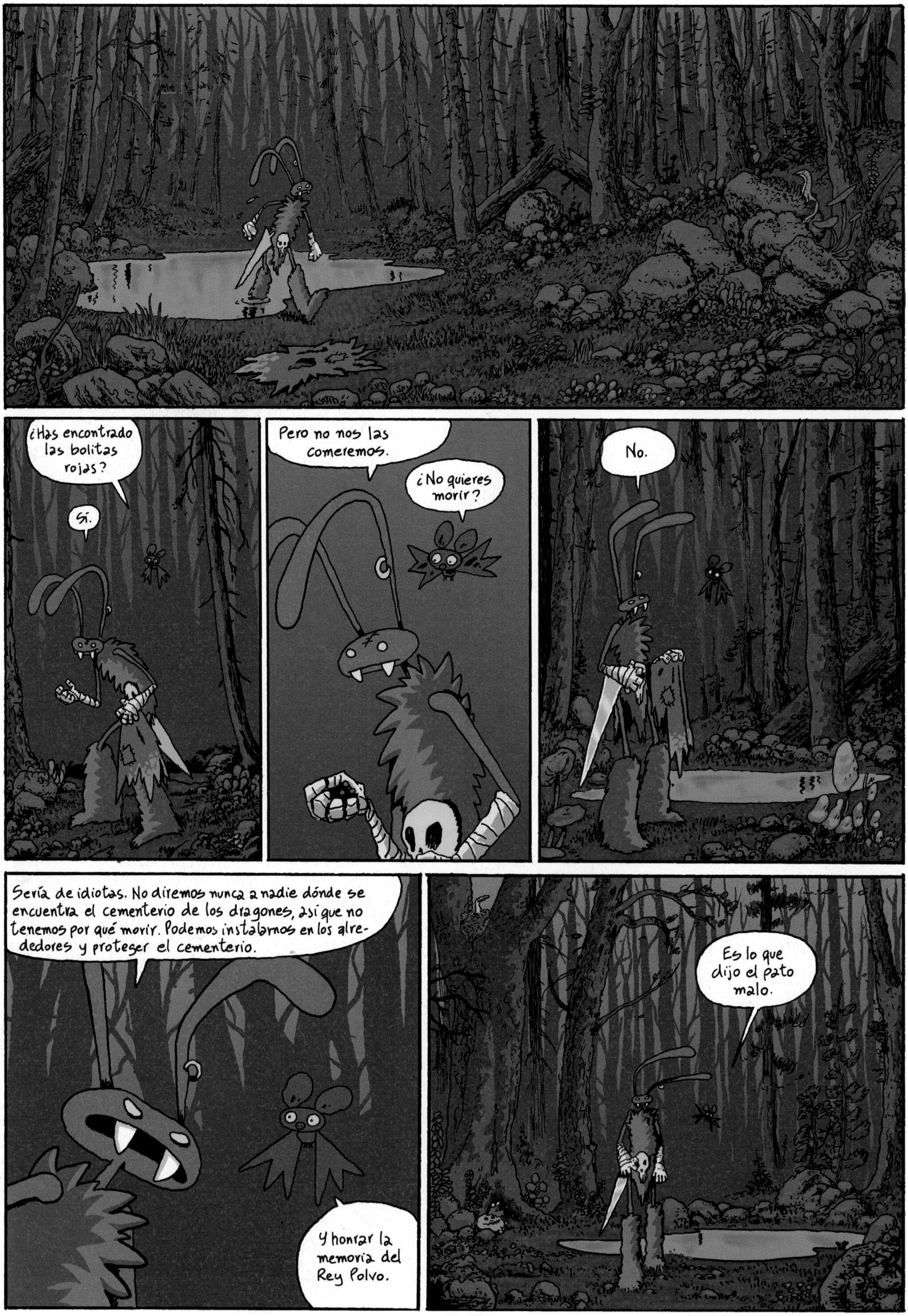
¿Has encontrado las bolitas rojas?
Sí.
Pero no nos las comeremos.
¿No quieres morir?
No.
Sería de idiotas. No diremos nunca a nadie dónde se encuentra el cementerio de los dragones, así que no tenemos por qué morir. Podemos instalarnos en los alrededores y proteger el cementerio.
Y honrar la memoria del Rey Polvo.
Es lo que dijo el pato malo.

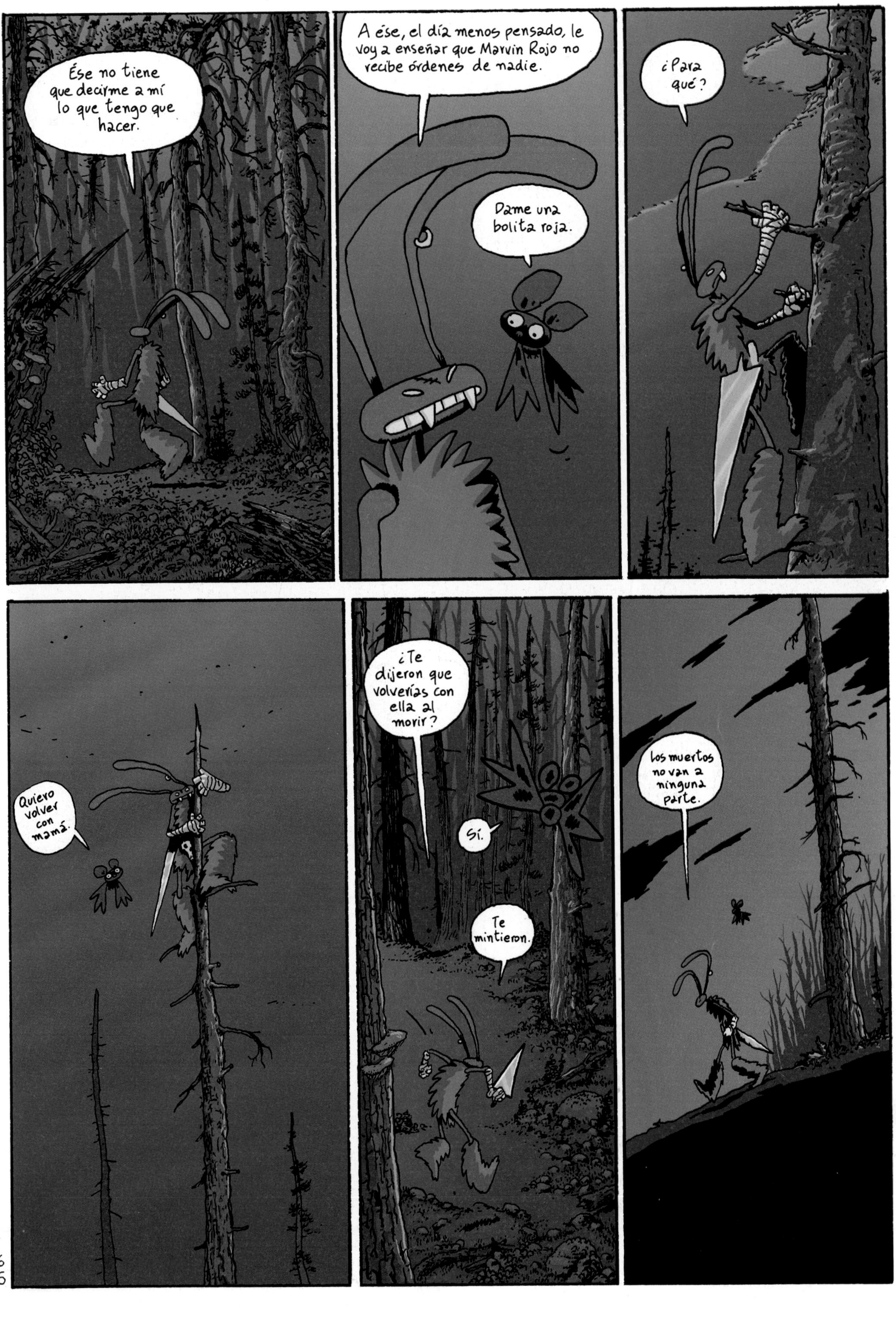
Ése no tiene que decirme a mí lo que tengo que hacer.
A ése, el día menos pensado, le voy a enseñar que Marvin Rojo no recibe órdenes de nadie.
Dame una bolita roja.
¿Para qué?
Quiero volver con mamá.
¿Te dijeron que volverías con ella al morir?
Sí.
Te mintieron.
Los muertos no van a ninguna parte.
46
45

Joann Sfar & Lewis Trondheim

46
46